철학은 전쟁이다

De la guerre en philosophie

Bernard-Henri Lévy

인간과시각
01

철학은 전쟁이다

베르나르-앙리 레비 지음
김병욱 옮김

사람의무늬

일러두기

1. 이 책은 베르나르-앙리 레비의 *DE LA GUERRE EN PHILOSOPHIE*(ⓒ Les Editions Grasset & Fasquelle, Paris 2010) 전문을 우리말로 옮기고 해제를 덧붙인 것이다.
2. 1번 각주를 제외하고는 모두 옮긴이의 정리다. 독자의 이해를 돕기 위해 옮긴이는 인명, 개념어, 문맥적 상황 등에 대한 설명을 각주로 정리하였다.
3. 본문 중에서 "　"로 묶인 것은 원저자가 직접 강조·인용한 것이며, '　'로 묶인 것은 옮긴이가 강조하기 위해 구분한 것이다. 후자 중에는 원저자가(강조를 위해) 대문자로 시작한 개념어들도 있다.

나는 어떻게 철학하는가?

목차

프롤로그

나는 어떻게 철학을 하는가?[1] 오늘 강연에 필요한 메모들을 모으면서, 여러분이 저에게 제안한 이 제목을 생각하고 또 생각하면서, 저는 두 가지 추억을 떠올렸습니다. 하나는 그리 오래되지 않은 것으로, 아마 이 연구소 책임자들도 기억하고 있으리라 생각합니다. 그것은 바로 베니 레비[2]가 생존해 있을 때, 제가 예루살렘에서 한 "나는 어떻게 유대인인가"라는 세미나입니다. 그리고 다른 하나는 훨씬 더 오래 된 추억이라 아마 여러분이 전혀 알 수 없을 것입니다. 그러니까 지금으로부터 35년 전의 일입니다. 그때 저는 바로 이 '뒷산' 강당에 있었습니다. 여러분들 중 나이가 아주 어린 분들을 위해 드리는 말씀입니다만, 당시 이 강당은 고등사범학교의 명소였습니다. 자크 라캉이 그 유명한 '세미나'를 하던 곳이었으니까요. 1969년 3월에, 당시의 학장이던 로베르 플라슬리에르Robert Flacelière에게 거의 무력으로 쫓겨나다시피 학교를 떠나기 전까지 말입니다.

당시 저는 스무 살을 갓 넘긴 나이였습니다. 고등사범학교 학부 과정을 막 마친 때였습니다. 그때 저는 자크 데리다와 루이 알튀세르라는 두 '카이만 악어caïmans'[3]의 요청에 따라, 철학교수 자격시험 준비생들을 위해 2년짜리 강의를 하나 맡고 있었습니다. 강의 주제는 니체, 정확히 말하면 "니체의 정치학"으로, 강의에서 다룬 주된 문제들은 대략 이렇습니다.

니체는 좌파인가? 니체는 우파인가? 니체는 어떤 책들을 읽었는가? 바타유, 하이데거, 푸코, 그밖에 다른 사람들이 니체라는 준봉峻峰을 선취하기 위해 벌인 전쟁은 어떠한가? 니체가 예고한 이중의 죽음, 즉 신도 죽고 인간도 죽은 이 시대에, 앞으로는 어떻게 행동해야 하고(이건 큰 문제가 아니었습니다. 당시 저는 "붉

---

1. 이 텍스트는 2009년 4월 6일 '레비나스 연구소'의 후원으로, 파리 고등사범학교에서 개최된 강연 내용을 수정 보완한 것이다. 강연의 원래 제목은 "나는 어떻게 철학을 하는가"이다.

2. Benny Lévy(1945~2003). 프랑스 철학자이자 작가. 파리 고등사범학교에서 수학했고, 1973년부터 장-폴 사르트르 사망 때(1980)까지 그의 비서로 일했다. 1970년대 초부터 모택동주의 당 '프롤레타리아 좌파'를 이끌었으나 모세 율법을 신봉하는 쪽으로 '전향'했다. 1997년에 이스라엘로 이주하여 예루살렘에 정착했으며, 이곳에 알랭 핑켈크로, 베르나르-앙리 레비 등과 함께 '레비나스 연구소'를 설립하고, 2003년 사망 때까지 소장으로 일했다.

3. 고등사범학교 학습 지도교수를 가리키는 별명. 학습 지도의 혹독함 때문에 이런 별명이 붙었다.

은 인도"에서 장기간 체류하다 방글라데시에서 막 돌아온 참이었으니까요), 특히 어떻게 철학을 계속해야 하는가?(당시는 의혹이 일반화되어 있던 때라 이것이 훨씬 더 문젯거리였습니다)

그 후 30년의 세월이 흘렀습니다. 설마 이 자리에 당시의 그 세미나를 기억하는 증인이 있지는 않을 것입니다. 그 세미나의 흔적과 노트들은 저 자신에게서도 완전히 사라져버린 상태니까요. 한데 오늘 저는 놀랍게도—여러분들이야 물론 전혀 몰랐을 테지만, 사실 이는 저 자신도 전혀 생각하지 못한 일입니다—당시의 그 출발점으로 되돌아와 있습니다. 즉, "이 니힐리즘의 시대, 따라서 철학이 완전히 끝장난 이 시대에 어떻게 철학을 계속할 것인가?"라는 물음으로 말이지요.

다른 어느 때보다도 혼란이 보편화되어 있는 이 시대에, 특히 나, 나는 어떻게 철학을 하고 있는가? 분명 스승들에게 불충한 철학자요, 그래서 비난받고, 공박당하고, 논란거리가 되는, 오늘의 이 베르나르-앙리 레비는 어떤 방향으로 철학을 계속하며 철학의 기치를 세우려 하고 있는가? 이제 더는 철학이 저의 주된 관심사가 아닌 게 아니냐고 생각하는 사람들에 대해서는 별로 개의치 않습니다. 그들의 생각은 틀렸습니다. 이제 왜 그런지 설명해드리겠습니다.

한 인간이 오랜 세월 동안 대니얼 펄[4]의 죽음에 관해서나 아프리카 대륙의 잊힌 전쟁들에 관해서, 그리고 아메리카 심층부의 초상, 이슬람 근본주의 등에 관해 탐문하면서 어떻게 일하고 있는지 말씀드리도록 하겠습니다. 지금도 여전히 사유의 의무가 다른 어떤 것보다도 높은, 비할 바 없이 높은 최상위에 있다고 믿으면서 말입니다.

4. Daniel Pearl(1963~2002). 2002년 1월, 알카에다에 의해 파키스탄에서 납치돼 목이 잘려 숨진 월스트리트저널 기자로, 참수 장면이 인터넷에 공개돼 충격을 주었다. 베르나르-앙리 레비는 2003년에 『누가 대니얼 펄을 죽였는가』(그라세 출판사)를 출간했다.

1

알튀세르, 라캉, 랍비들, 그밖에 다른 이들의 가르침

"그만! 다 집어치워!
철학한다는 건, 철학을 만드는 거야!"

*

제가 가장 먼저 강조하고 싶은 것, 그것은 어쩌면 너무 자명한 것일지도 모르지만 그러나 저의 세대에게는 그렇지 않습니다. 그것은 바로, 철학을 하기 위해서는, 철학을 시작하고 철학을 계속해 나가기 위해서는, 우선 철학을 믿어야 한다는 것입니다. 철학을 믿기 위해서는, 그리고 최소한의 믿음이라도 갖고 철학적 모험이라는 이 기묘한 모험 속으로 뛰어들기 위해서는, 모든 학설 혹은 사이비 학설들부터, 무엇보다도 우선 철학의 종말이라는 설說부터 머리에서 쫓아내야 합니다.

제가 성년에 이르렀을 무렵 저의 주위에는, 진실에 대한 의지, 즉 철학하고자 하는 욕망의 본질이라 할 수 있는 이 의지를 일종의 신경증으로 보던 프로이트주의자들이 있었습니다. 그리고 『포이어바흐에 관한 테제』[5]에서 언명됐던 것처럼, 사람들은 이 세계를 충분히 해석했고, 충분히 철학했으며, 이제는 세계를 바꾸어야 할 때라고, 즉 혁명을 해야 할 때라고 생각하던 마르크스주의자들이 있었습니다.

또한 철학적 관심*souci* 그 자체에 차마 고백할 수 없는 모호한 호기심—왜냐하면 연약한 영혼, 병약한 은자隱者들의 정신, 노예 기질의 결실이기에—이 있다고 진단한 니체주의자들이 있었습니다. 그리고 철학의 역사 자체, 그 주요 에피소드들, 그 정류장들, 그 이름들을 어떤 오랜 망각의 역사처럼 묘사하면서, 오직 이 망각을 망각하고, '열린 세계'를 묵상하고, 다시 '시'와 '사유'의 살아 있는 말을 향해 나아가는 길만이, '최초의 시인-사상가들'의 원천으로 거슬러 올라가는 길만이 그 오랜 망각에 대한 유일한 치유책이라 여기던 하이데거주의자들이 있었습니다.

---

5. 마르크스가 1845년에 처음 발표한 포이어바흐에 대한 11항목의 테제. 마르크스는 이 책에서 포이어바흐와 낡은 유물론 전체에 대한 비판을 통해 자신의 새로운 세계관을 그려 나갔다. "종래의 모든 유물론(포이어바흐의 유물론을 포함해서)의 주요한 결함은 대상·현실·감성을 단지 객체 또는 직관의 형식으로만 파악했을 뿐, 인간의 감성적 활동·실천으로 파악하지 못한 점에 있다."는 말에서 알 수 있듯이, 마르크스는 실천의 문제, 즉 인식에 대한 실천의 의의, 인간의 사회생활에서의 실천의 역할 문제를 간과했던 종래의 유물론을 비판하고, "사회생활은 본질적으로 '실천적'이며 이론 문제의 합리적 해결은 오로지 실천 속에서 발견될 수 있다."고 적고 있다. 이에 대해서는 임석진 외 편저, 『철학사전』, 2009, 중원문화 참조.

루이 알튀세르

바로 이런 파장罷場의 분위기에서, 1960~70년대의 바로 이러한 철학의 밤—혹은 기껏해야 황혼—속에서, 그리고 철학이라는 말 자체가 지난날 헤겔이 형이상학에 대해 한 말을 빌리면 "모든 사람이 마치 페스트 환자를 대하듯 뒤로 물러나 일정 거리를 두려고 하던 말"이 되어 버린 그런 시대에, "안 된다, 계속해야 한다, 극복해야 한다, 절대 달아나서는 안 된다, 끈기 있게 버텨야 한다."라고 말한 한 사람이 있었습니다. 그 사람이 바로 루이 알튀세르라는 철학자입니다.

오늘 저는 그의 모습을 다시 봅니다. 흄이나 『제7서한』의 플라톤이나 혹은 소피스트들을 인용하면서, 철학의 종말은 철학만큼이나 오래된 얘기라고 우리에게 설명해주던 그의 모습을 다시 봅니다. 마치 관棺 속처럼 쿠션을 댄 자신의 작은 집무실에서(물론 그의 머릿속에서 그것은 결코 철학의 관은 아니었습니다. 빈 관이었는지는 모르지만 말입니다!), 자신이 막 철학에 입문했을 때는 상황이 훨씬 더 나빴고, 볼 장 다본 상태였다고 내게 말해주던 그의 모습을 다시 봅니다.

그는 '신플라톤주의'라는 철학 사조를 연 플로티누스파가 다시 붙잡기 전까지 플라톤의 이름이 거의 사라져버리다시피 한 일이나, 19세기 프랑스의 그 길고 긴 사막을 예로 들었습니다. 우리의 그 철없던 무지, 그 끝없던 지방성, 우리 아닌 다른 모든 것에 귀를 틀어막고 있던 그 태도, 특히 우리의 독일 혐오증과 그에 따른 결과 등등이, 우리 프랑스인들로 하여금 당시 사람들이 좀 더 중요하고 위대하다고 생각한 것에 폐쇄적이 되게 했던 그 시기 말입니다.

저는 지금, 이른 아침 고등사범학교 안뜰에 서 있는 그의 모습을 다시 봅니다. 여름 겨울 할 것 없이 언제나 커다란 체크무늬 양모 실내복으로 온몸을 감싼 채, 우리가 이리저리 서성거리거나 혹은 여러분도 잘 아실 고등사범학교의 붉은 물고기들이 사는 그 '에르네스트의 못' 주위를 맴돌고 있을 때, 자신의 머릿속에 맴돌던 위대한 철학적 전략들, 즉 은밀하되 그러나 황제처럼 당당한 총사령관이 되어 펼치고자 했던 자신의 전략들을 제게 설명해주던 그의 모습을 다시 봅니다.

그 전략들은 둘 혹은 세 개의 전선戰線을 겨냥한 것이었습니다. 그 첫째는 마르크스주의자들 고유의 역사주의, 즉 프랑스 공산당 안에서 법으로 통하던 그 '휴머니스트적인' 성향입니다. 둘째는 프롤레타리아에 의한 이 세계의 재생을 기계적으로 이룩할 준엄한 규칙들을 신봉하던 이들의 과학주의입니다. 셋째는 하이데거의 "존재 시*onto-poésie*"를 겨냥한 전선으로, 돌이켜보건대 당시에 그가 과연 자신이 주장하는 것만큼 이에 대해 세밀한 인식을 가졌는지는 확실치 않습니다만, 어떻든 그는 이에 대해 강렬한 의혹을 품고 있었고, 제 생각에 그는 때가 되었을 때, 다시 말해 이미 그 자신도 더 이상 신뢰하지 않고 있던 마르크스-레닌주의와 작별하는 시간이 도래했을 때, 이 "존재 시"가 '나쁜' 출구가 될 것으로 느끼고 있었던 것 같습니다.

그로부터 35년이 지난 오늘, 그 의기양양하던 알튀세르주의의 시대도 지금은 아주 먼 옛일처럼 여겨집니다. 비록 지금도 기억 속에 생생하게 남아 있지만, 저로서는 그것을 알튀세르 자신이 "단절"이라 불렀던 것에 의해 우리 시대와 분리된, 거의 이해조차 할 수 없는 구시대의 것으로 간주하지 않을 수 없습니다.

하지만 거의 도처에서 확인되는, 조용하거나 과격한 새로운 반지성주의의 출현을 지켜보면서, 또한 여러 인식주의*cognitivisme*와 평가의 사유들*pensées de l'évaluation*의 강력한 상승을

확인하면서, 그리고 "위기"와 "세계화된 자본주의"의 승리 앞에서 사람들이 급속하게 "진보주의" 명제들—마르크스주의에 대한 알튀세르의 강독에 의해 이미 신망을 잃어버린 것으로 생각되었으나, 대개 나이가 젊은, 당시를 전혀 모르는 철없는 사상가들이 일을 제대로 해보기도 전에 지쳐버리는 날품팔이 노동자들처럼 천진하게 다시 찾는—로 되돌아가는 것을 지켜보면서, 저는 적어도 그 프로그램[알튀세르주의]의 일부만큼은 역설적이게도 아직 유효한 것으로 남아 있으며, 지금도 역시 급선무는 종말의 파토스를, 그것이 내포한 마음의 동요와 함께 끝장내는 일이라고 생각하게 되었습니다.

나는 어떻게 철학을 하는가? 그렇습니다. 저는 지금도 여전히 알튀세르의 가르침에 충실하면서 철학을 합니다. 슬라보예 지젝의 방식도, 알랭 바디우의 방식도, 다른 누구의 방식도 아닌 저 나름의 방식으로, 사유라는 이 기묘한 노력을 계속하면서 철학을 합니다. 귀를 멍하게 하는 철학 폐지론자들의 그 우레처럼 시끄러운 우울증과 싸우며 철학을 하고 있습니다.

*

어떤 방식으로? 알튀세르가 남긴 유산 중 정확히 어떤 몫을 추구하느냐고요? 이에 관해서는 스승님의 두 번째 권고가 있습니다. 제가 철학의 장 속에, 철학의 언어 속에 자리 잡는 데 결정적인 역할을 한 이 권고를 지금까지 저는 한시도 잊은 적이 없습니다. 이 권고 역시 일견 당연한 말 같습니다만, 알고 보면 꼭 그렇지만도 않습니다. 알튀세르는 "철학을 *faire de la philosophie*"에서 중요한 말은 "철학"이 아니라 "하다 *faire*"라고 말했습니다.

이 말이 당연하지 않은 이유는, 오늘날처럼 당시에도 지식계의 일선에는 '철학하는' 것이란 곧 '성찰하는' 것이라고 말하는 사람들이 가득했기 때문입니다. 아니면 명상을 하거나, 아니면 곰곰이 되새김질하는 것이라고 말입니다. 예나 지금이나 이 세상에는 철학이라는 것을—바로 이것이 확고한 플라톤주의의 입장입니다만—'불변의 진리'와 대면하고, 그것을 잘 보기 위해 훈련하는 명상 수련으로 여기는 사람들이 많습니다.

혹은 이 장치를 타도하겠다고 나선 반反플라톤주의자들(소피스트들의 후예들, 아리스토텔레스주의자들의 후예들 역시)도 많이 있지만, 그들은 사실 단지 그 순서만 바꾸었을 뿐, 그들의 **메티스** *métis*, 다시 말해 그들의 "실천적 지혜"는 **메도마이** *medomai*, 즉 "명상하기", 즉 플라톤주의의 "철학하기"와 별로 다를 바가 없습니다.

혹은 스토아학파 철학자들, 그리고 신新스토아학파 철학자들도 있는데, 그들은 철학하는 것이란 세계와 하나가 되는 것, 거대한 '전체' 속으로 녹아들어 가는 것, 사물과 인간의 일치를 사유하는 것이라 믿었고, 지금도 금석처럼 굳게 믿고(오늘날의 스토아 철학자들은 특히 아시아의 지혜 쪽으로 마음을 열고 있습니다만) 있습니다.

혹은 시인들, 진짜 시인들이나 애송이 시인들이 있습니다. 다른 어느 때보다도 기술技術에 설복당한 이 저속한 세계에서, 오직 시만이 철학적인 문제를 거두어들이고, 맞이하고, 시중들 수 있는 유일한 "정신적 도구"로 남아 있다고 생각하는(예나 지금이나 바로 이것이 하이데거 종파의 신조입니다만) 사람들 말입니다.

혹은—사실 리스트는 무한에 가깝습니다—, 명상이니 시니 하는 이런 모든 이야기와 절연絶緣하고자 하는 사람들도 있습니다. 대신 '전통' 원전들에 대한 순수한 '주석'에, '해설'에 헌신하기로 한 사람들 말입니다(이는 아우구스티누스와 더불어 시작된 전통이지만 데리다나 비트겐슈타인 신봉자들에 의해 구현되고 있는데, 사실 비트겐슈타인은 자신의 명예를 걸고서—물론 농담처럼 한 말입니다만—, "발명"하기보다는 "베끼기"에 몰두하는, 전적으로 "재생산 *reproductif*"하는 사상가로 자처하곤 했습니다……).

한데 이런 것은 철학을 하는 게 아니라고 알튀세르는 말했습니다. 근본적으로 반反칸트적인(즉 "순수 이성"과 "실천 이성"을 대립시킨 칸트에 반대하는) "이론적 실천"이라는 자신의 개념을 제안했을 때 말입니다. 그는 그런 건 죄다 철학을 하는 게 아니라고 큰 소리로 외쳤습니다. 알튀세르는 그 작은 세계에 완전히 등을 돌리고서 이렇게 외친 사람입니다. "그만! 다 집어치워! 철학한다는 건, 철학을 만드는 거야!" 저는 분명 '만든다*faire*'고 말했습니다! 즉, 제작한다는 겁니다! 다시 말하면 진실들, 즉 새로운 개념들을 가공하고 제조하는 게 철학이라는 겁니다. 들뢰즈라면 그것들을 '배치한다*agencer*'고 할 겁니다. 칸트는 그것들을 '종합한다*synthétiser*'고 말했고 말입니다!

어떤 이들은 이 새로운 개념들을 가리키기 위해 아예 새로운 말들을 사용합니다. 다른 이들은 옛 이름들을 고쳐서 쓰되, 그것들에 "좀 더 순수한 의미"를 부여하거나 아니면 그것들을 뒤흔들고 불안정하게 해서, 마치 이제껏 한 번도 전율한 적이 없는 듯 그것들을 전율케 하고, 진실을 통찰하는 데 없어서는 안 될 약간의 "불안하게 하는 낯섦"을 그것들에 부여하고자 합니다.

어떻든 방법은 분명 이렇습니다. 직공처럼, 장인처럼 작업하는 것. 시적인*poétique* 작업이라 할 수도 있겠군요. 이 말을 '운문을 짓다'가 아니라 '만들다'를 의미하는 그리스어의 의미로 쓴다면 말입니다. 과학과 과학적인 방식들에 홀린 이론주의*théoriciste* 작업이라 할 수도 있겠습니다만, 종종 철학이 지난날의 이른바 "문학적 보헤미안"의 정신과 관습을 끝없이 되풀이하는 것으로 만족하고 있는 이 시대에 그런 해독제는 축복에 다름 아닙니다.

어쨌든 직관*vision*이라는 어휘는 잊고, 그것을 행동이라는 말로 대체할 것을 전제하는 방법이어야 합니다(굳이 직관을 고수하겠다면 그래도 좋습니다만, 그러나 또 다시 그리스인들을 예로 들어 말하자면, 그들에게 비전이란 직감*intuition*이 아님을 기억해야 합니다. 그들에게 비전이란 시간이 걸리는 하나의 행위라는 것, 그리고 그 시간은—아리스토텔레스에 따르면—어떤 계획을 수행하기 위해 손을 잡아주는 자에 비교될 수 있는 것이란 점을 기억해야 합니다……).

그렇다면 과연 나는 작업을 하라는 알튀세르의 권고에 충실했는가? 물론 충분히 충실했던 것 같지는 않습니다. 스승들이 하는 권고에 충분히 충실할 수는 없는 법입니다. 그러나 만약에 우리가 [개념이 만들어지기 전에는 서로] 필연적인 관계가 없는 것처럼 보이던 여러 역사 및 담론 사건들을 함께 사유할 수 있게 해주는 어떤 논증적 단일성을 "개념"이라 부를 수 있다면, 제 생각에 예컨대 "프랑스 이데올로기"는 하나의 개념(모라스[6]와 페기[7], 좌파 페텡주의자들 pétainistes[8]과 우파 페텡주의자들, 초기의 독일협력자들과 후기의 레지스탕스 활동가들의 공통점을 사유할 수 있게 해주는)이었던 것 같습니다.

"순수성의 의지" 역시 하나의 개념이었다고 생각됩니다(나치즘, 공산주의, 이슬람 원리주의 등, 겉으로 보기에는 진정한 상관성이 없어

보이는 이 현상들을 한데 묶는 것과 푸는 것, 연결하는 것과 구분하는 것, 한데 그러모으는 것과 분리하는 것을 사유할 수 있게 해주는 개념—또한 그렇게 함으로써, 좀 더 협소한 경험적 재료 위에서 수행되는, 그래서 좀 더 빈약하다고 할 수 있는 전체주의라는 개념에 비해 진일보한 개념 말입니다).

또한 만약에 제가, 이번에는 역으로—이것도 '전통'에 어긋나는 것은 아닙니다만—, 결합된 것처럼 보이는 것을 분리하게 해주는, 다시 말해 허구적 단일성의 봉인 하에 접합된 것처럼 보이는 것을 분해하게 해주는 논증적 단일성도 개념이라 부를 수 있다면, 어떤 개념을 만든다는 것은 분할 불가능한 것 속에서 분

---

6. Charles-Marie-Photius Maurras(1868~1952). 남프랑스의 마르티그 출생. 아나톨 프랑스의 문하에 들어가 고전주의적인 영향을 받았고, 1891년 고전으로의 복귀를 제창하는 J.모레아스를 도와 '로마 시파詩派'를 결성하였다. 그의 복고주의는 문학적인 것에서 정치적인 것으로 이행하여 1899년에는 군주제의 부활을 표방하는 우익사상 단체인 '악시옹 프랑세즈'를 결성하고, 열렬한 왕정주의와 철저한 국가주의를 주장하여 프랑스 언론계에 큰 영향을 끼쳤다. 제2차 세계대전 말기에 대독협력자로서 종신금고형을 받았다.

7. Charles Péguy(1873~1914). 시인, 에세이스트, 철학자, 편집인이었다. 오를레앙의 가난한 서민 가정에서 태어났으며, 에밀 졸라와 같은 지식인들과 함께 드레퓌스 사건의 왜곡된 진실을 폭로하는 데 참여했다. 주로 사회주의와 가톨릭적인 성향이 강한 시, 희곡, 에세이 등을 발표했다.

8. Henri Philippe Benoni Omer Joseph Pétain(1856~1951). 프랑스 군인. 비시 프랑스의 수반으로 잘 알려져 있다. 제1차 세계대전 당시 무훈으로 한때 프랑스의 국부로 칭송받았지만, 제2차 세계대전에서 나치 독일에 협력하여 프랑스 국민들의 '공공의 적'으로 지목되어 종신형을 선고받았다.

할을 행하는 것, 즉 하나를 둘로 나누고, 잘못 묶여 있는 관계들을 푸는 것이라면, "파시슬라미즘"[9]이라는 표현(지하드 문제를 종교의 장에서 뽑아내어 정치의 장에 통합할 수 있게 해주며, 그럼으로써 어떤 회교도에게, "나는 당신의 종교와는 문제가 없소. 나에게 문제가 되는 것은 당신의 파시즘이요."라고 말할 수 있게 해주는) 역시 그런 종류의 분할을 행하는 참된 개념이라 할 수 있습니다.

그렇습니다. 이상에서 보듯, 철학을 할 때 저는 명상을 하지 않습니다. 꿈을 꾸지 않습니다. 저는 직관도, 상상력도, 심지어 관념notions도 앞세우지 않습니다. 제가 믿는 것은 말들에 의해 연동하는 개념들의 생산, 해부, 조작, 증식, 유기적 결합입니다. 저는 방금 그런 세 가지 예를 들었습니다. 다른 예들을 들 수도 있을 겁니다. 다른 많은 예들을. 하지만 넘어가지요.

*

세 번째로 강조하고 싶은 것은 체계입니다. 철학을 한다는 것이 그런 것이라면, 철학에 이른다는 것, 철학의 장에 제대로 자리 잡는 것이 경구나 담론 조각, 직관, 모호한 하이쿠, 몽상

---

9. 파시즘fascisme과 이슬람주의islamisme의 합성어.

등에 의해서가 아니라 개념들에 의해 이루어지는 것이라면, 그 개념들의 연쇄를, 가시적이거나 은밀한 그것들의 건축을, 그것들의 별무리, 그것들의 분봉分蜂을, 그것들의 **체계***système*를 잘 형성하고자 하지 않고는 작업을 계속해 나갈 수 없을 게 당연합니다.

하지만 이 역시 그리 당연한 것 같지 않습니다. 이 시대는 반反체계의 시대 아닙니까? 지금 우리는 체계 구축 시도를 유치하거나 정신이 나간 편집증의 한 형태로 보는 들뢰즈주의자들에게 둘러싸여 있지 않습니까? 거기에는 지나치게 폼을 잡는 담론으로 결함과 오류, 섣부른 시도, 자백, 접히고 포개진 주름들을 감추려는 의지가 있기에 성실성이 결여되어 있다고 보는 니체주의자들에게 둘러싸여 있지 않습니까? 그것을 해체로 쫓아버려야 할 최후의 환상으로 여기는 데리다주의자들에게 둘러싸여 있지 않습니까? 만년의 리오타르처럼, 잔해殘骸들의 글이나 낙서 철학을 꿈꾸는 포스트모던주의자들에게 둘러싸여 있지 않습니까? 체계라는 말 자체를 속박으로, 명령으로, 논리적 횡포로, 전횡으로 여기는 반反전체주의자들에 둘러싸여 있지 않습니까?

심지어는 레비나스, 우리의 친애하는 레비나스. 우리—알랭 핑켈크로[10]와 베니 레비와 나—를 한데 결집시켰고, 무언의 권위로써 우리로 하여금 오늘 저녁 우리를 맞이하고 있는 바로 이 연구소를 창설하게 한 장본인인 그조차도, '체계'는 '전체'이며 '전체'는 곧 죽음이라고 단호히 말하지 않았습니까?

하이데거는 두 말할 나위도 없습니다. 셸링에 관한 1936년의 세미나에서부터 『어디에도 이르지 않는 길들』에 이르기까지 그는 체계에 대한 "이" 소송의 예심을 맡은 인물로 알려져 있으니 말입니다. "세계의 구상" 혹은 "체계"라는 관념은, 철학에서는 "기술적*technique*" 편집증에 의해 형태를 취하는 것이므로, 다시 고개를 들어서는 안 된다는 것입니다. 체계의 정반대 편에 있는, 연약한 사유의 그 사도使徒들, 결론을 내리게 해줄 어떤 약속된 말[11]에 대한 생각만으로도 전율하는, 의혹과 가설의 그 기사騎士들에게서도 말입니다. 어쩔 수 없는 노릇이지요.

이 점에 있어서, 제가 과연 프로그램*programme*을 떠들어댈 처지가 되는지는 모르겠습니다. 하지만 저는 다른 어느 때보다도 지금이야말로, 그런 모든 기만적인 점술들의 권고를 무시하고 나아가는 자만이 철학자 소리를 들을 자격이 있다고 믿으며, 사변적 야망과 체계의 시대가 되돌아왔다고 선언하는 바입니다.

아! 물론, 제가 생각하는 체계는 특별한 체계입니다. 그것은 열린 체계입니다. 구멍이 있는 체계, 봉쇄되지 않은 체계입니다. 그것은 자기 속에, 무한—절대가 아니라—의 악마를 받아들이는 체계입니다. 그것은 적어도 반反체계 논거들의 일정 부분, 특히 "사실들"이란 없으며 단지 "해석들"이 있을 뿐이므로, "주체"와 "관점" 만큼이나 많은 어떤 가능한 체계의 **버전들*versions***이 있다고 주장하는 (니체적인) 반대 논거를 아주 잘 통합할 줄 아는

---

10. Alain Finkeilkraut(1949~). 프랑스 철학자로, 특히 1985년에 '이성의 흥망사'를 다룬 책 『사유의 패배』를 출간했다. 이 책에서 핑켈크로는 이성의 전면적 등장을 계몽주의 이후로 본다. 계몽주의자들은 보편적 이성을 바탕으로 "공동 합의에 의해 결합된 구성원"이라는 새로운 국가(공화국)를 꿈꾸었으며, 이들에 의해 이성이 역사의 전면에 등장하여 프랑스 대혁명을 통해 구체화되었다는 얘기다. 이 책의 핵심 논점은 이 이성(이성과 사유를 바탕으로 하는 문화)이 '사유 없는 현상(생각 없이 즐기는 소비 및 광고)'을 문화로 보려는 오늘날의 포스트모더니즘에 패했다는 것이다.

11. 하이데거에게 존재l'être는 말해질 수 없으며, 말해지는 즉시 왜곡되거나 존재자l'étant의 형태로 표현되므로, 사유는 존재의 망각이라는 운명에서 벗어날 수 없다. 사유는 존재에 대해 말할 수도 명명할 수도 없다. 존재는 비어 있는 개념이며 아무것도 가리키지 않는다. 하이데거가 만년의 텍스트들에서 존재라는 이름에 줄을 그어버리자고 한 것은 그래서일 것이다. 하지만 언어는 만약 우리가 언어의 기술적 사용usage technique(언어를 하나의 닫힌 세계를 가리키는 기호들의 체계로 만드는)이 곧 언어인 양 혼동하지만 않는다면, 존재와 인간의 관계를 나타내는 매체일 수도 있다. 언어가 지닌 본래의 힘은 주술적인 것이다. 언어를 통해 존재자는 존재에서 출발하여 새로운 뭔가가 도래하듯 나타난다. 시는 존재에서 출발하여 주어지는 것으로서 존재자의 본래적 현현이며, 언제나 사용 가능하고 조작 가능한 사물의 상태로 환원되지 않는다. 시인의 말은 이미 여기에 있는 어떤 실재를 가리키는 것이 아니라, 어떤 세계를 도래하게 한다. 그래서 "언어는 존재의 집"이다. 횔덜린이나 릴케 같은 시인들의 얘기에 귀 기울이는 것, 바로 그것이 사유가 해야 할 일이다.

체계입니다.

그러므로 그것은 헤겔, 칸트, 스피노자 등의 체계에서처럼 진술 주체를 '사람들On'로 하지 않고, 반反헤겔주의 항의자들의 반反체계들에서처럼 "나Je"로 하는 체계입니다. 그것은 유한성과 특이성의 정당성을 인정해주는 체계입니다. 그것은 수학소數學素mathème[12]보다는 스타일*style*을 선호하는 체계입니다. 교수들보다는 장인들maîtres을 선호하는 체계입니다. 어떤 선행하는 지식을 재생산하는 것으로 만족하고 마는 '지식' 공무원들보다는 글쟁이들을 선호하는 체계입니다. 그것은 담론의 규칙성보다는 구멍들에 주의를 기울이는 체계요, 그것은 이제 더는 나머지도 미스터리도 없는 총체적 인식의 옛 꿈—특히 헤겔적인 "대 논리"의 꿈같은—속을 걸어가지 않는 체계입니다. 그것은 이제 더 이상 세계에 대한 투망投網, 사물들을 노략질하는 것이 아닌 체계, 즉 흔히 체계 제작자들이 제조하는, 체계적인 입관入棺에 의해 마비되고, 폐쇄되고, 냉각된 개념들로 만들어진 감옥

12. 라캉이 '배움' '지식'을 뜻하는 그리스어 '마테마μάθημα'에서 차용한 용어로, 1970년대 이후 그가 이 개념을 자신의 정신분석학에 도입한 것은 "합리성이라는 과학주의 신념에 기초하여 상상계의 개입에 의해 왜곡되지 않는 합리주의적 글쓰기를 위한 노력"의 일환이다. 수학소에 대한 그의 강조는 그가 "과학이 강조하는 보편성을 믿었고 과학적 담론의 정확한 전파 가능성도 확신"했음을 말해주는 증거로 논의된다. 이에 관해서는 김석, 『에크리, 자크 라캉』, 2007, 살림 참조.

이 아닌 체계입니다.

달리 말하면, 그것은 체계를 구성하는 진술들이 여전히 유동적이고, 동원 가능하며, 살아 움직이고 있는지에 신경 쓰는 체계입니다. **그래도** 그것은 하나의 체계입니다. 그것은 **여전히** 하나의 체계입니다. 다시 말해서, 담론 단위들의 집합체입니다. 담론의 단위들이 총합(단위들이 이루는)의 이해에 기여하나, 집합체가 반사하는 빛 없이는 그 어떤 단위도 이해되지 않는 그런 집합체 말입니다. 혹은 잘 용접되었으되 부분들을 가진 '전체'의, 특이성을 가진 '보편성'의, 우연성을 가진 '의미'의 내재성을 가정할 수 있도록 구성된 명제들의 몸 같은 것입니다. 아니면—결국 같은 말입니다만—범주들에 거는 도박, 정언적定言的인 것에 거는 도박, 범주적으로 사유하고 결론을 내릴 수 있는 힘과 자유에 거는 도박 같은 것 말입니다.

이 체계라는 말, 고대 그리스인들에게서는 용병술에서 쓰이는 말이었고(군기가 잡힌 잘 훈련된 부대가 하나의 "체계"였습니다), 정치에 쓰이는 말이었고(어떤 "정치 체제"의 "구성" "성격" 혹은 "구조"를 가리키는 또 다른 방식이었습니다), 음악에 쓰이는 말이었고(플라톤의 『필레보스』에서는, 아름다운 화음이 곧 하나의 "체계"였습니다), 시에서 쓰이는 말(아리스토텔레스의 『시학』을 보십시오)이었던 이 말이, 저에게는 지금도 다른 유형의 수사학에 비해, 철학이라는 수사학적 유형을 특징짓는 핵심 요소로 남아 있습니다.

시인들은 시로 말합니다. 소설가는 이야기들을 이야기합니다. 비극 작가는 무대와 장場을 구성합니다. 그리고 철학자, 그는 체계를 세웁니다. 개념들이 서로 "작용"하게 함으로써, 그리고 그것들이 마치 잘 재단된 다이아몬드처럼 이웃한 개념들의 유동적이고 불확실한 광채 속에서 번쩍거리게 함으로써, 철학적 조작을 가능하게 하는 것이 바로 체계입니다. 체계의 힘, 체계의 정신과 화해해야 합니다. 그 "엄격함"만이 아니라 그 "아름다움" 또한 말하기 위해서는 어쩌면 로트레아몽 같은 사람이 필요할지도 모르겠습니다. 잘 구성된 철학적 체계들이라는, "벌꿀보다 더 감미로운 살아 있는 교훈들" "생기를 주는 우유"를 말하기 위해서는 말입니다.

*

한데, 체계를 어디에 써먹을 거냐고요? 바로 이 점에서 저는 철학사의 오랜 전통 속에서 체계 만들기를 기획해 온 이들로부터 분명히 멀어집니다.

대체로 체계를 통해 사유하는 이들—플라톤에서부터 오귀스트 콩트에 이르기까지—은 이렇게 말하는 사람들입니다. 즉, "세계는 어떤 은밀한 질서를 갖고 있다. 나는 그것을 드러내기 위해 체계를 만든다." 혹은 "세계는 하나의 체계다. 나의 체계는 바로 그 체계의 이미지이며, 그 총체성에 대한 의식이다." 혹은 "세계는 한 권의 아름다운 책이지만, 흐릿하고 구겨져 있어 읽을 수가 없다. 얼핏 보아서는 보이지 않는, 심지어 숨기까지 하는 그 가독성을 보이게 해주는 것이 바로 나, 체계다. 요컨대 체계는 그 '체계'를 드러낸다."

제가 가진 확신, 어느 날, 루이 알튀세르의 집무실에서 그와 처음으로 대화를 나누고 나서 철학을 하기로 결심한 이후 한 번도 저를 떠난 적이 없는 그 느낌, 오늘날에 와서 생각해 보건대, 당시에 분명히 의식했다고는 할 수 없으나, 제가 내린 결심의 어렴풋한 동기라 할 수 있을 그 막연한 직감, 저의 출발점, 그것은 바로 세계가 그렇지 않다는 것입니다.

세계라는 것은 전혀 하나의 체계가 아니라는 것, 그렇기는 커녕 구멍과 결함투성이일 뿐 아니라 붕괴되고 있기도 하다는 것, 그렇습니다, 붕괴되기 직전의 상태라는 것, 아니 이미 일부는, 많은 부분은 붕괴된 상태에 있다는 것이었습니다. 저의 느낌, 그것은 바로 그 붕괴가 세계의 미래나 운명이 아니라, 세계의 현재요 진실이라는 것입니다. 바로 그래서, 정확히 바로 그래서, 저는 예나 지금이나 한결같이 우리를 구원해줄 유일한 것은 어떤 신이 아니라, 어떤 체계의 방파제라는 막연한 확신을 갖고 있습니다. 파손을 최소화하기 위한, 이 존재론적 붕괴의 장에서 보존하거나 다시 일으켜 세울 수 있는 것은 그렇게 하기 위한, 최종적이거나 총체적 붕괴를 피하고, 그것을 지연시키고, 그것을 저지하기 위한 방파제 말입니다.

이렇게 말하고 보니, 저의 입장이 계몽주의 시대 사람들이 말한 것과 별로 동떨어지지 않은 것 같지 않습니다. 그들은 "체계의 정신"을 비난하고서 『백과사전』을 썼습니다만, 그들이 쓴 그 사전은 "체계"의 형태로 여기 이렇게 포즈를 취하고 있지 않습니까! 또한 "자연의 변증법"(『유물론과 경험비판론』의 저자 레닌)에 소송을 제기함과 동시에, 자신의 말은 물론 제자들의 말까지도 자신의 스승 스피노자에게서 그 형태를 차용한 "담론의 질서"에 예속시킨 알튀세르(1966~1967년 겨울에 창설된 그 미스터리한 극極알튀세르주의 비공개 토론회 "그룹 스피노자"를 참조하십시오. 그 명칭 자체가 이미 프로그램으로서의 가치를 갖습니다)와도 그리 멀지 않은 것 같습니다.

저의 입장은 다른 누구보다도 라캉, 즉 "실재계"(이미 여기에 있는 것, 주체의 표상들 아래 감춰져 있는 것이나, 사실은 이룰 수 없는 불가능)와 "현실"(상징계와 언어의 질서에 예속된 것으로서의 세계)을 구분한, **아주 잘 읽히는**(좀 전에 "불가독성"을 언급했기에 하는 말입니다만……) 자크 라캉과 가장 가깝습니다. 또한 이는 어쩌면 제가 이미 이 연구소에서 몇 번 다룬 적이 있는 테마들, 즉 하시디즘[13]과 사바트[14]의 대소동 이후에 등장한 리투아니아 랍비들의 이야기를 떠

자크 라캉
일러스트 © Edward Drantler

올리게 할 것도 같습니다. 이 세계가 해체되어 먼지가 되어 버리면 어쩌나 하는 강박관념에 사로잡혀 사는 사람들, 이를 모면하기 위한 해결책은 오직 기도와 공부뿐이라고, 오직 기도의 '말'뿐이라고 생각한 사람들의 이야기 말입니다. 문득 해체의 방파제가 된 말, 붕괴중인 이 세계를 떠받치는 대들보가 된 말, 보이지는 않지만 강력한 이 세계의 기둥이 된 말, 비운의 엔트로피에 예정된 우주의 초석이 된 말 말입니다.

저는 철학을 그런 것으로 봅니다. 이 세계는 결코 하나의 체계도, 질서도, 조화도 아니기에 말입니다. 세계는 언제라도 내파內破당할 수 있는 위험에 처해 있고, 또한 내파의 위험 때문에 자나 깨나 우리는 멍한 혼미상태에 사로잡혀 있기에 말입니다. 우리가 상대해야 할 적은 카오스, 소요, 눈사태 등, 철학적 체계성을 필요로 하는 온갖 형태의 재앙이기에 말입니다. 이 점이 철학을 거만하게 만듭니다. 좀 이상하게 보일 수도 있지만 바로 이 점이 철학에게 마치 태평양에 맞서는 댐 같은 측면을 부여합니다.

---

13. 고행적 금욕, 신비적 명상, 이웃 사랑의 정신을 바탕으로, 12~13세기에 독일에서 발전한 유대교의 신앙 사조.

14. 원래는 유태인들이 예배일인 토요일에 지켜야 하는 휴식을 뜻하지만, 13세기 이후부터는 유대인 배척주의 정서에 의해 마법과 동일시된 유대인들의 기도를 가리킴. 마법사들의 집회, 마법사들의 춤, 광란적 소동 등을 의미하기도 함.

가끔씩은 저도 위대한 텍스트라는 것들이 마치 말들로 만들어진 구속복拘束服 같다는 생각을 해보기도 합니다. 실재를 구한다는 구실로 실재를 옥죄어, 거의 질식 상태로 몰아가는 것 같은 구속복 말입니다. 하지만 어쩌겠습니까. 그런 게 철학인 것을. 저로서는 바로 이것이 60년대에 크게 유행했던 물음, "왜 철학자들이 필요한가?"에 답할 수 있는 유일한 대답입니다.

어느 모로 보나 저는 이 대답이 좋습니다. '존재Être'와 '말하기Dire' 간의 이 미친 방정식이 좋습니다. 저는 지식인들을 그저 지상의 소금으로 보거나, 사회라는 기계의 운전자로 보거나, 도시의 현자들 혹은 봉급 받는 도시 교육자로 보는 것으로 만족하는 자의 그런 하찮고 초라하고 알맹이 없는 자부심보다는, '존재'는 말들을 필요로 한다고, '존재해체désêtre' 속으로 가라앉아 버리지 않고 끈기 있게 자신의 존재를 지속하기 위해서는, 자신의 말들을 필요로 한다고 생각하는 자의 위대한 편집광이 더 좋습니다.

물론 우리는 반反철학을 하기로 선택할 수 있으며, 말하기의 **실체적***substantiel* 역할에 거는 이런 식의 도박이 설정하는 거대한 분할들(의미/무의미, 이성/탈脫이성)을 거부할 수 있습니다. 또한 니체, 키르케고르, 파스칼의 사상적 계보에 가입하여, 세계에 대한 낭만적(따라서, 역시 파편화된) 비전을 선택한다고 해서 누구도 뭐라 할 수는 없습니다. 아니면 니힐리즘의 편에, 다시 말해서 예고된 붕괴를 가속화시키는 편(이 경우 역시 파편들로만 사유할 수 있을 뿐입니다만)에 설 수도 있겠지요. 하지만 철학을 하는 거라면, 진정으로 철학을 하는 거라면 노선을 바꾸어야 합니다. 왜냐하면 지금 세계는 그저 맹목적으로 파편만 떠받들고 있으므로, 세계가 점점 더 빠르고 심각하게 파편화를 향해 나아가고 있으므로, 그 반대편에 서서 '체계'의 법으로 그런 세계에 맞서야 하기 때문에 말입니다.

'존재'의 질서에 이성의 질서로 맞서야 합니다. 지금의 세계는 하나의 **재앙**이기에, **헛소리**를 해대도록 그냥 내버려 두어서는 안 될 하나의 재앙이기 때문입니다. 또한 세계는 지금 **고장**이나, **정비**를 받아야 하기 때문입니다. "사르트르의 어깨와 카뮈의 폐"[15]를 조롱하는 어느 기병騎兵의 말과는 달리, 철학자들은 **운동선수**들입니다. 철학적 환상이라는 것이 하나 있다면—그러나 종종 환상은 나름대로 일정 부분 진실을 말하는 법입니다—, 아틀라스처럼 자신의 두 어깨 위에 세계의 무게를 짊어지고서 그렇게 하지 않으면 세계가 다시 떨어질 것으로 여기는 철학자의 환상이 바로 그것입니다. 다시 한 번 라캉을 원용해 봅시다. 언어는 하나의 섬세한 몸, 어떻든 하나의 몸입니다. 정교한 구

15. 허버트 R. 로트먼이 쓴 카뮈 평전 『카뮈, 지상의 인간』(한기찬 옮김, 한길사, 2007)의 제34장 제목이다.

문론적 몸이라는 섬세한 수단을 가졌기에 어려움을 이겨낼 수 있는 몸들—다른 몸들, 진짜 몸, 우리의 몸들—이나 사물들은 행복한 존재들입니다.

2

게릴라 혹은 깡패로서의 철학자의 초상

위대한 철학은
언제나 공격적인 철학이라고
생각합니다.

*

철학자들은 제자들을 두는 경우가 많습니다. 공식 제자들 말입니다. 그들—아리스토텔레스는 물론이요, 셸링, 헤겔 등을 염두에 두고 하는 말입니다만—에게는, 지식이 나뉘고 제자들이 형성되는 교육의 장이 있습니다. 저에게는 그런 게 전혀 없습니다. '레비나스 연구소'라는 이 장소, 제가 기억하기로 우리가 이곳을 창설했을 당시, 프란츠 로젠바이크Franz Rosenzweig가 와병 중에 창설한 "유대인들의 자유로운 연구의 집"과 같은 것이 되거나, 아니면 자크 라캉이 바랐던 "학교", 즉 "문명 속의 불안에 대한 수술 기지이자 은신처라는 고대적 의미"에서의 학교 같은 것이기를 바랐던 이 장소 외에, 저에게는 가르침의 말을 전할 장소가 전혀 없습니다. 사람들이 제가 저만의 개념과 체계를 만들기를, 그러니까 제가 학파를 만들기를 고대하는 장소는 이 세상 어디에도 없습니다. 하지만 이는 저에게 전혀 문제가 되지 않습니다. 저에게 훨씬 더 잘 어울리는 또 하나의 전통이 있으니 말입니다.

우선 강좌가 없는 철학자들의 전통이 있습니다. 사르트르가 그런 철학자입니다(르아브르 고등학교에 재직한 몇 년을 그런 자리에 있었다고 볼 수는 없겠지요).

그리고 그런 자리를 갖긴 했으나, 실제로 강좌를 맡지 않은 철학자들도 있습니다. 알튀세르의 경우가 그렇습니다(그가 재직 초기부터 고등사범학교에서 얼마나 투명인간 같은 존재였는지는 말로 다 표현하기가 어려울 정도입니다. 강좌는 매년 예고되었지만, 몇 번의 예외를 제외하고는 거의 강의를 하지 않고 32년의 세월을 보냈으니 참으로 사상 유례가 없는, 당대에 짝을 찾아볼 수 없는 엄청난 권위의 특혜를 누렸다고 할 수 있습니다. 게다가 거의 말 한 마디 없이, 심지어 접촉조차 없이 말입니다).

그런가 하면 대학에서 강좌, 말하자면 '세미나'를 맡긴 했으나 그 사상이 너무나 가파르고 따분해서 수강생이 아무도 없었던 그런 철학자도 있습니다(하이데거를 두고 하는 말입니다. 아리스토텔레스의 『형이상학 Z3』의 수수께끼에 관한 1948년 그 유명한 세미나 말입니다. 당시 그 강좌를 수강했던 보프레Jean Beaufret는 얼마 지나지 않아 곧 자기 혼자만 계속 강좌를 듣게 되었다고 전하고 있습니다).

분명 강의를 하긴 했으나, 그렇다고 꼭 철학을 강의했다고 볼 수 없는 철학자도 있습니다(이는 바로 칸트의 경우인데, 사람들은 그가 쾨니히스베르크에서 최초로 독일지리학을 강의한 것을 다른 무엇보다도 자랑스러워했다는 사실을 곧잘 까먹곤 합니다!).

그런가 하면 대학 바깥의 언어에도 삶이 있다는 것을 알고서, 이 세상 어디에서도 그런 자리를 갖지 않는 철학자들이 있습니다. 철학이란 집단으로 할 수가 없는, 위험이 따르는—사실은 훨씬 더 나쁜 다른 위험도 있습니다. 개성도 창의성도 없는, 자동으로 굴러가는, 이도저도 아닌 잿빛 사상을 하게 될 위험 말입니다—고독한 수행이라고 생각해서 말입니다(이는 바로 루소의 입장이요, 키르케고르의 입장이며, 스무 살에 학위를 마친 후 알트도르프 대학에서 교수직을 제안 받았을 때 이를 거부한 라이프니츠의 입장이기도 합니다).

어쩌면 지금 제가 저의 불운을 좋게 해석하려 하는 건 아닐까요? 『인간의 얼굴을 한 야만』과 "신新철학" 운운하는 얘기 이후, 대학이 저를 바람직하지 않은 인물로 낙인찍은 건 아닐까요? 하지만 그런 문제는 아닌 것 같습니다. 고등사범학교를 마치고 "니체의 정치학"에 관한 2년간의 강의가 끝났을 때, 어째서 제가 앞으로도 철학은 계속하되 대학의 자리는 받아들이지 않기로 결심했는지 저는 알고—어떻든 그렇게 느끼고—있습니다. 고등사범학교를 졸업한 모든 학생들이 자동적으로 제안 받는 자리를 말입니다.

물론 이는 저의 생의 이력과 무관하지 않습니다. 당시의 필요에 따른 동기들이 분명 있습니다. 제가 다른 곳에서 이미 피력한 바 있는 몇몇 만남이 있습니다. 그러나 좀 더 근본적으로 보면, 지금도 그렇지만 과거에도 역시 저는 대학이 철학을 하기에 적합한 곳이 아니라고 믿었습니다. 예나 지금이나 저는 철학이란 따로 떨어져서, 아니면 최소한 아카데미의 세계가 아닌 다른 세계에서, 혼자 하는 것이라고 굳게 믿고 있습니다.

뒤에 가서 다시 말하겠지만, 철학은 소요騷擾와 전쟁의 딸입니다. 제가 깨달은 한 가지 사실—저에 앞서, 『경비견들*Chiens de Garde*』에서 폴 니장[16]이 터뜨린 것과 같은 분노를 느낀 다른 많은 젊은이들이 깨달은 것이기도 합니다만—이 있습니다. 그것은 바로 소란을 잠재우는 데는, 갈등과 전쟁의 소동을 가라앉혀, 우리 철학자들로 하여금 그런 소동에 귀를 닫아버리게 하는 데는 아카데미나 아카데미즘보다 더 나쁜 것(혹은 더 나은 것)도 없다는 사실입니다. 그런 소란이야말로 논하거나 해석하거나 하는 데 꼭 필요한 것들인데 말이지요.

그리스인들은 철학이 거리나 대중적인 장소에서 이루어지는 거라고 생각했습니다. 오랫동안 푸코는, 철학이 감옥이나 수용시설에서 출발하는 거라고 생각했습니다. 『현대*Temps modernes*』지紙의 주간인 레몽 크노[17]는 때때로—그의 생애에서 결코 명예롭지 못한 순간들이 아니었습니다—철학은 서서 하는 것이며, 술통 위에서, 비양쿠르[18]의 문 앞에서 하는 거라고 믿었습니다.

심지어 레옹 크노는 사람들에게 잘 알려지지 않은 한 텍스트에서 때로는 약간 광기마저 감도는 쟈지*Zazie*의 언어[19]로, 또 때로는—이게 더욱 재미납니다만—바로 자신이 펴내는 책으로서 극도로 참여적이던 1951년의 『현대』지에 쓰인 바로 그런 현학적인 언사로 적은 한 텍스트에서 이렇게까지 말했습니다. 예전에 자신이 앙드레 브르통André Breton이나 초현실주의자들과 절연한 일을 구실로 쓴 그 미완성 텍스트에서, 이제 철학은 자기 자신에게 충실할 수 없게 되었다고 말입니다. 그리고 그리스의 유산, 다시 말해 디오게네스와 소크라테스(플라톤에 의해 정정되고 수정되고 거세된 소크라테스가 아니라, 진짜 소크라테스, 유일한 소

---

16. Paul Nizan(1905~1940). 투르에서 기사의 아들로 출생했고, 파리대학교 철학과 졸업했다. 고등사범학교 재학 당시 급우인 사르트르, 보부아르 등에게 사상이나 견식 또는 인격을 통해 커다란 영향을 주었다. 1927년 공산당에 입당하였고, 한동안 지방에서 교편을 잡은 뒤 신문기자가 된 적도 있다. 제2차 세계대전 직전에 독소불가침조약 체결에 반대, 공산당을 탈당하여 정치적·사상적으로 실의의 한때를 보내기도 했다.

17. Raymond Queneau(1903~1976). 프랑스의 시인. 소설가. 새로운 소설 형식의 가능성을 탐구하였다. 대표 작품에 소설 「내 친구 피에로」 「지하철 소녀 쟈지」, 시집 『떡갈나무와 개』가 있다.

18. 프랑스의 '르노' 자동차 회사가 위치한 파리 교외의 공장 지대로, 특히 제1·2차 세계 대전을 전후하여 노동자들의 시위가 잦았던 지역이다.

19. 파격적인 언어 구사로 유명한 레몽 크노의 1959년 소설 『지하철 소녀 쟈지』(정혜용 옮김, 도마뱀 출판사, 2008) 참조. 이 소설은 "두키퓌동크탕Doukipudonktan!"이라는 수수께끼 같은 말로 시작된다.

크라테스를 두고 하는 말임에 유의하십시오!)의 철학 전통에 충실할 수 없게 되었다고 말입니다. 이제 철학자는 깡패가 되어야 한다고, 스스로를 "깡패 철학자"로 선언하고, 대학에서 이루어지는 모든 철학적 관행들, 이념 관리인 겸 도형수로서의 그 관행들과 단절해야 한다고 말입니다.

약간의 뉘앙스 차이가 있긴 하지만 제가 취하는 입장이 바로 이런 것들이라고 할 수 있습니다. 물론, "철학 카페" 같은 민중 선동의 차원으로 전락해서는 안 되겠지만, 실로 저는 철학이—이것이 철학의 본분입니다만—'여론'과 싸움을 벌일 수 있는 곳은 바로 거리라고, 공장이나 감옥의 문 앞이라고, 나아가서는 전쟁터와 살육의 폐허라고 생각합니다. 유감스럽게도 저에게 레몽 크노와 같은 환상은 없습니다만, 그러나 저도 그처럼 깡패가 되지 않고는 견자見者가 될 수 없다고 생각합니다.

31년 전에 제가 배교자背敎者 노릇을 하기로 결정하고서 불온한 학생의 옷을 걸치고, 모든 사상의 노인 병원 같은 것이 되어버린 '대학'에 일체 발을 들여놓지 않은 데 대해서는 조금의 후회도 없습니다. 아, 1977년 데리다의 주도로 소르본느에 구성된 그 잊을 수 없는 "철학 사령부"[20]를 두고 하는 말입니다. 당시만 해도 레몽 크노의 텍스트를 인정하지 않았으며, 그러므로 아직 자신의 『깡패들*Voyous*』을 쓰지 않았던 데리다, 그러나 그때 이미 그는 도미니크 그리조니Dominique Grisoni와 함께 운영하던 우리 소모임에 리슐리외 대강당 토론회를 금지함으로써 거의 전투에 가까운 한바탕 난투를 일으키는 것도 두려워하지 않았지요. 그나마 얼마나 다행입니까! 그것도 하나의 철학적 사건이었으니 말입니다!

*

이제 저는 저의 입장을 좀 더 곤란하게 만들고자 합니다.

대학에 있건 아니건, 교수 자리를 꿰차고 있건 아니건, 살아 있는 만남에서, 가설들과 관점들의 대면에서, 교환에서, 한마디로 대화에서 철학의 왕도를 보는 철학자 가족이 있습니다. 그런 철학자로는 우선 플라톤을 꼽을 수 있고, 말브랑슈 Nicolas Malebranche 그리고 『힐라스와 필로누스의 세 대화*Trois dialogues entre Hylas et Philonous*』를 쓴 버클리, 『신新인간오성론』을 쓴 라이프니츠 등을 꼽을 수 있습니다. 라이프니츠의 경우는 대학에 참여하는 것은 거부했지만, 동료들과의 대화까지 완전히 거부해야 한다고 판단하지는 않았습니다.

---

20. 데리다는 현실 정치 문제와 많은 거리를 두었으나, 이 '사령부' 설립을 계기로 넬슨 만데라를 '예찬'하며 남아프리카 민주주의를 지지하는 등 정치적 사건에 자주 개입한다.

한편 그들 맞은편에 또 다른 한 가족, 배교한 대학교수들 가족과 완전히 똑같다고 할 수 없는 가족이 있습니다. 그들은 우리에게 아주 분명하게 말합니다. 자신은 대화를 믿지 않는다고, 사상이 그런 식으로 작동을 개시하는 거라고 생각하지 않는다고, 그러므로 당연히 그것을 철학적 조작방법들을 늘어놓은 테이블에서 치워 버려야 한다고 말입니다.

홉스가 그런 철학자입니다. 데카르트도 그렇습니다(그가 쓴 『자연의 빛에 의한 진리의 탐구*La Recherche de la vérité par la lumière naturelle*』는 데카르트주의자인 외독스, 스콜라철학의 대변인인 에피스테몽 그리고 설득을 해서 자신의 입장에 동조하게 해야 할 대상인 정직한 중도파 폴리앙드르의 대화로 이루어져 있습니다. 그러나 이 작품은 하나의 예외일 뿐 아니라 『성찰*Méditations*』의 저자[즉, 데카르트]가 자신의 살아생전에는 출간할 만한 것이 못된다고 판단한 텍스트이기도 합니다). 스피노자도 그렇습니다(『단론*Court traité*』에 삽입된 두 편의 짧은 대화만 빼고 말입니다). 사르트르도 그렇습니다. 그가 어떤 입장이었는지는 널리 알려져 있습니다(그는 "정말이지 나는 아롱[21]과 토론을 하는 것보다는 사강[22]과 험담을 주고받는 편이 더 낫다고 생각한다."라고 말했습니다). 그리고 아리스토텔레스도 있습니다. 아마 아리스토텔레스만큼 대화를 시키기가 어려운 철학자도 없을 것입니다. 칸트도 있습니다. 그리고 헤겔도 있습니다. 그도 위대한 가르침이 전제하는 그 무언의 대좌對坐는 원했습니다만, 그런 우스꽝스런 짓거리는 원하지 않았던 게 분명합니다. 그가 보기에 그것은 어떤 사상이 대등한 사람들 간의 대결의 불길 속에서, 두 사람이 하는 변증법의 에로티시즘 속에서 만들어진다고 가정하는 것이었을 테니까요.

저는 이 두 번째 가족에 속하는 것 같습니다. 저는 어떤 사상이 자신의 가설들을 상대의 가설들에 대립시키면서 발전하는 경우를 보지 못했습니다. 대화자들 간의 수준 차가 너무 크거나, 제가 위에서 서술한 그런 의미에서의 철학적 체계들이 타협 불가능한 근본적인 열정들에 단단히 연결되어 있거나(저는 그렇다고 생각합니다), 아니면 그것들이 충만한 구조의 형태를, 이 세상 그 무엇으로도 환원될 수 없는 과잉의, 용해될 수 없는 단자들의 형태를 취하고 있거나(이 점도 사실이라고 생각합니다) 해서 말입니다.

아닌 게 아니라 사실 저는 어떤 사람이 철학적 대화나 아니면 그냥 일반적인 어떤 대화를 나누고 나서 이전에 지녔던 것과 근본적으로 다른 확신을 갖게 되는 경우는 거의 보지 못했습니다. 저 자신 역시, 어떤 이념적인 적수를 토론과 수사학적 펜싱으로 눈의 띌 정도로 "움직이게" 했다고 느꼈던 적은 한 번도 없

---

21. Raymond Aron(1905~1983). 프랑스의 정치 사회학자로 전후 사르트르 등과 함께 잡지 『현대』를 창간하고, 『콩바』 『피가로』 등 잡지의 논설 기자로 활약하였다. 주요 저서에 『지식인들의 아편』 등이 있다.

22. Françoise Sagan(1935~2004). 20세기 중엽 프랑스의 여류소설가, 극작가. 현대 프랑스에서 가장 많은 독자를 가진 작가로 활약했다. 작품으로 『슬픔이여 안녕』 『어떤 미소』 『브람스를 좋아하시나요』 등이 있다.

습니다. 대화를 통해 큰 오해가 걷힌 경우는 저도 경험했습니다만, 진짜 견해차를 딱 잘라 해결하거나 조정하거나 극복하는 경우를 보는 일은 드물었습니다.

물론 예외들도 있습니다. 원래는 누구보다도 고집이 센 철학자들인데 대화를 통해 사상이 진전을 이룬 그런 사람들의 예가 없지는 않습니다. 『이제 희망을』을 펴낸 베니 레비와 사르트르의 예[23]가 그렇습니다. 공저자로 일하며, 실제로 『안티오이디푸스』와 『천 개의 고원』을 함께 펴낸 들뢰즈와 가타리의 예도 있습니다. 거기에 비할 바는 못 되지만, 미셸 우엘벡과 제가 『공공의 적들』에서 한 작업도 그렇다고 할 수 있습니다. 우리는 이 책이 둘 중 누구든 혼자였다면 절대 걷어내지 못했을 몇 가지 베일을 걷어냈다는 데 동의했습니다. 하지만 이는 예외적인 경우에 속합니다. 언제나 예외는 있는 법입니다. 더욱이, 우엘벡과 저의 경우, 그것이 **대화**였습니까, **논쟁**이었습니까? 이 둘을 같은 것이라 할 수는 없지 않을까요? 그것이 토론이었습니까, 아니면

---

23. 사르트르 사후에 나온 이 대담집(원제 *L'espoir maintenant : les entretiens de 1980 avec Jean-Paul Sartre, Verdier, 1991*)은 스캔들을 낳았고, 특히 시몬 드 보부아르의 격렬한 비판을 받았다. 이 대담에서 사르트르가 이따금 자신의 작품을 철회하는 듯한 발언을 하고, 평생 무신론을 고집했음에도 불구하고 유대교를 검토해 볼 가치가 있는 하나의 사상으로 거론하기 때문이다. 그래서 베니 레비는 사르트르 주변 인사들로부터, 사르트르의 취약한 정신 상태를 이용하여 자신의 사상을 받아들이게 한 것 아니냐는 비난을 받았다.

한 판의 개념적 장기, 양립 불가능한 두 논리적 체계 간의 대립이었습니까?

그리고 다른 쪽, 즉 원칙적으로 대화에 찬동하며 대화가 사상을 진보시켜 주리라고 믿는 철학자들 쪽을 돌아보더라도, 저의 눈에는 호의적이고, 열려 있고, 타인에게 관대하고, 자유롭고, 생태적인 사상—공공 공간과 녹색 공간을 혼동(우리 시대의 특징 중 하나입니다만)하고, "마음의 도시국가*cité du coeur*"를 믿는 구석이 있는—의 애호가들이 우리에게 그려주는 상황과는 전혀 다른 상황이 보입니다.

물론 대화라는 이름을 내건 대단한 책들이 있습니다. 아주 대단한 책들 말입니다. 하지만 그렇다고 해서 그것들이 진정한 대화로 된 책들이라 할 수는 없습니다. 진정으로 적대적인 두 진정한 사상이 서로 접촉하여 마찰하면서 사상을 진전시키고 서로를 풍요롭게 하는 광경은 결코 볼 수 없으며, 설령 있다 하더라도 이는 대단히 드문 일입니다.

두 가지 예를 들어보지요.

하나는 바로 플라톤의 대화들입니다. 속이 빤히 들여다보이는 대화들입니다. 속임수입니다. 언제나 미리 예고된 한 가지 결말뿐, 진짜 두 가지 관점이라 할 만한 것, 진짜 대면이라 할 만한 것은 어디에서도 찾아볼 수 없습니다. 즉, 소피스트가 어느 정도 고집을 부리다 마음을 바꾸어 찬동하고, 소크라테스가 승리

데모크리토스와 프로타고라스

살바토르 로사 作, 1663, 에르미타주 박물관 소장

오른편에 무릎을 꿇고 앉은 자가 당대 유명한 소피스트였던 프로타고라스이다.

한다는 예고된 결말 말입니다. 게다가 소크라테스는 아주 분명히 말하지요. 소위 이 대화라는 것이 영혼, 다시 말해 그의 영혼이 그 자신과 나누는 대화 아닌 다른 무엇일 수 있다는 건 생각조차 할 수 없는 일이라고 말입니다.

두 번째 예로는 라이프니츠와 그의 『신新인간오성론』을 들 수 있습니다. 그는 로크가 자신이 전 세계에 걸쳐 조직한 서신교환자 네트워크에 들어와 자신과 한 바탕 논쟁을 벌이길 몹시도 바랐으나 로크가 거부하자 이 책을 썼습니다…… 그때 라이프니츠는 몹시 화가 나 복수를 하고자 했습니다. 복수를 하기 위해서 이 거짓 대화를 꾸며낸 것이지요. 필로테트라는 이름의 가짜 로크를 등장시켜 나누는 비뚤어지고 부정직한 대화, 거짓 대화 말입니다. 이 책에서 필로테트는 사실 [로크의] 『인간오성론』에서 뽑아낸 문장들을 입에 담습니다만, 위대함을 찾아볼 수 없는, 패배가 예고된, 몰리에르 희곡의 작중인물 같은 그로테스크한 모습으로 등장하지요. 그 사이에 로크가 사망하자 라이프니츠는 이 책을 출간할 엄두도 내지 못했고, 그러다 그의 사후에 출간이 됩니다. 결국 후세는 이 책에서 대화를 보게 됩니다만, 이는 산 사람과 죽은 사람이 나누는 대화가 아니라, 죽은 두 사람이 무덤 속에서 나누는 대화입니다. 대화 지지자들이 꿈꾸는, 같은 무기를 갖고 정정당당하게 대결하는, 풍요로운 의견교환과는 매우 거리가 먼, 죽은 두 사람의 대화 말입니다.

어쨌든 저의 입장은 분명합니다. 산파술도 전통형식주의 *académisme*도 아니라는 겁니다. 형식화된 말의 벼락만큼이나 대화의 미덕도 믿지 못하겠다는 겁니다. 철학은 자신과 자신 사이에서 만들어집니다. 철학은 다른 사람을 전제하는 것이 아니라 자신의 유령을, 좀 더 정확히 말하면 이 세계의 속삭임을 전제합니다. 이미 이 속삭임에게 너무나 볼일이 많기 때문에, 철학은 그런 **소통 환상** *illusion communicante*으로 스스로를 혼란스럽게 할 여념이 없습니다.

사상에서 진보를 이루는 단 하나의 방법, 사상을 사회적 권력과 억압, 온갖 길들이기와 규율에 구애받지 않는, 진정으로 살아 있는 사상으로 만드는 단 하나의 방법, 그것은 바로 자기 자신의 영혼을 살피는 것, 자기 자신의 머리로 생각하는 것입니다. "언제나 그랬듯이 혼자서" 말입니다. 이는 자크 라캉이 자신의 학파가 와해된 다음날 아침 한 말입니다. 바로 그렇습니다.

*

좀 더 자세히 얘기해봅시다.

철학은 선호*prédilection*를 목표로 하며, 어쨌거나 소위 상식 혹은 양식良識이라는 것을 겨냥한다고 생각하는 철학자들이 있습니다. 철학은 대화의 딸이라는 이유로, 철학은 대립되는 두 관점의 견해차를 중재할 수 있어야 참으로 선언될 수 있다는 이유로, 그리고 철학의 소명은 서로 반대되는 여러 전망들과 등거리를 유지하면서, 경계표지들이 잘 설치되어 있어 모두가 공생할 수 있고 또 공생해야 하는 그런 공간 속에서 서술되는 것이라는 이유로 말입니다.

이 상식의 철학, 두 말 중에서 언제나 가장 작은 것을 선택하기로 선택한 이 평화로운 철학, 철학적 가능성들을 그것들의 공통분모로 환원시켜 그 가능성의 장을 축소하고 오므리고 희박하게 할 말만 하는 것 같은 철학, 모든 철학적 대립을 대화가 해결할 수 있을 뿐 아니라 또 당연히 해결해야 할 실패한 합의의 표현으로만 보는 철학, 이런 철학은 프랑스에서는 '빅토르 쿠쟁[24]의 철학'이라는 이름으로 불립니다.

이 철학에게는 독일 땅에 두 명의 적이 있습니다. 한 사람은 칸트입니다. 『(형이상학) 서설*Prolégomènes*』 서문에서 그는 자신이 **상식***sensus communis*이라 부르는 것을 "흄의 적들" "스코틀랜드 학파" 사람들이 설교한 그 "중도*juste milieu*"라는 것과 애써

24. Victor Cousin(1792~1867). 19세기의 프랑스의 철학자, 정치가. 주요 저작으로 『칸트 철학에 관한 교훈들*Leçon sur la philosophie de Kant*』(1842)이 있다.

구분하고 있습니다. 그들에게서는 거슬리는 것도 힘도 없는, 그저 진부하기만 한 사상 외에 아무것도 기대할 게 없다고 말입니다. 신중에 신중을 기하다보니, 끊임없이 서로를 뒤섞다보니, 모든 사람이 재회하여 서로를 포옹할 수 있는 정신의 접점을 추구하다 보니, 결국 무無만 껴안게 되는 사상 말입니다.

다른 한 사람은 헤겔입니다. 『정신현상학』 서문에서 그는, 지식은 고독한 "긴 여정"이요 무지와 어리석음의 극복을 목표로 하나 절대 그것들을 완전히 극복할 수 없는 승리임을 특기하면서, 이러한 지식의 정확한 반대가 당대의 "자연 철학"이라고 덧붙입니다. "개념 작업"은 끝이 없기 때문에 힘겹기만 한 지식의 여정, 속설과는 달리 결코 명제들*théorèmes*의 이원성을 축소하거나 제거하는 것을 목표로 하는 게 아니라(이는 얘기가 전혀 다릅니다) 그것을 "다시 세우는 것*relever*", 다시 말해 "넘어서는 것*dèpasser*"을 목표로 하는 끝없는 변증법의 정반대가 바로 당대의 "자연 철학", 즉 "마음의 천진함"과 "도덕의식의 순수성"을 자랑하는 철학이라고 말입니다. "양식良識의 안전한 물길 속에서 흘러가는" 것으로 만족하는, 또한 둘의 관계에서 절대 양립할 수 없을 것처럼 보이는 것을 제거함으로써 대립들을 "해소"하는 것으로 만족하는 사이비 철학 말입니다(아닌 게 아니라 헤겔은 철학과 "양식"의 관계란 커피와 치커리[25]의 관계 같은 것이라고 적고 있습니다. 즉, 형식도 맛도 없는—어쨌든 진정한 사상의 그 씁쓸한 맛은 분명히 없는—, 사소한 진실들의 축적물 말입니다).

제가 쿠쟁을 철학에서의 관례주의의 상징으로, 그리고 아카데미즘의 상징으로 간주한다는 점(쿠쟁은 나름 공헌한 바가 없지 않을 뿐더러, 1817년의 여행에서부터 1831년 헤겔이 임종할 때까지, 바로 헤겔에게 대단히 매료된 인물임에도 불구하고 말입니다)을 분명히 말해둘 필요가 있을까요? 그리고 위에서 언급한 칸트와 헤겔의 두 텍스트, 즉 "상식"의 철학, "자명한 이치"의 철학, 다시 말해 개념적 "진부함"의 철학 양 옆구리에 가하는 그 두 타격을 모든 철학다운 철학의 전제 개념으로 간주한다는 사실을 덧붙여야 할까요?

저는 그리스 학파들이 "이단 종파*sectes*"로 불린 사실을 좋아합니다. 저는 『이단과 그 처벌의 역사적 이야기*Récit historique sur l'hérésie et son châtiment*』(1682)에서, 그 제자들이 서로를 "이교 창설자들"이라 불렀음을 우리에게 알려준 홉스에게 고마움을 느낍니다. 저는 그가 이 "이교 창설자들" 중에서 가장 "존경받은 인물들"로, 누구보다 생생한, 누구보다 열린, 누구보다 보편적인 인물들—피타고라스, 아리스토텔레스, 에피쿠로스, 제논, 플라톤—을 꼽고 있는 점을 고맙게 생각합니다.

또한 저는 그가 우리에게, 국가 · 법 · 권리의 기원에는, 특히

25. 프랑스 북부지방 사람들은 전통적으로 커피 대신 치커리 뿌리를 갈아 만든 차를 마시곤 했다.

인간이 다른 인간에 대한 사냥을 중단하는 잘 설립된 시민권의 기원에는 언제나 어떠한 결정이나 어떠한 타협도 없는, 설립의 칼날이 있음을 상기시켜준 데 대해 고맙게 생각합니다. 또한 계약주의적이고 만장일치주의적인 상투적 관념들을 거부하면서, 민주주의 자체 안에, 즉 그리스인들의 **데모크라티아** *demokratia* 에는 **데모스** *démos* 도 물론 있지만 **크라토스** *kratos* 도 있다는 것, 즉 어떤 절대적인 선택을 부과하기 위한 권능, 자비도 타협도 온화함도 없는 투쟁이 있음을 우리에게 가르쳐주는 그를 저는 고맙게 여깁니다.

제가 아는 철학은 종파적이고 이단적이고 소수파적인 철학뿐입니다. 제가 원하는 철학 집단은 이념 시장보다는 수도원을 더 닮은 은밀하고 숨겨진 집단뿐입니다. 제가 존경하는 철학자는 모든 이들을 대상으로 말은 하지만, 일단 어떤 언어 속에, 어떤 견해 속에, 어떤 체계 속에 자리를 잡고서 시작하는 철학자, 그러므로 모두에게 이해될 수 있을지 어떨지에 대해 별로 개의치 않는 철학자뿐입니다.

물론 정치도 있습니다만, 정치는 기능 방식이 철학과 다를 수밖에 없습니다. 그리고 이념 논쟁도 있습니다. 이념 논쟁에서는 일단 말이 통해야 합니다. 그러나 철학은 다릅니다. 철학은 아이러니를 행하는 것입니다. 철학은 아토피성 사유 형태입니다. 다시 한 번 말하지만 엄밀한 의미에서 철학은 비밀 사회의 소관입니다. 그러므로 철학에 대한 정의에, 즉 철학의 행사에, 지혜의 여자 친구라는 케케묵은 딱지—이는 사유의 기능에 대한 공동체적 개념과 잘 어울리는 말입니다—보다 더 낯설어 보이는 것도 없을 것입니다.

지금까지 살면서 제가 철학을 많이 했다고는 하지 않겠습니다. 앞으로 철학을 더 많이 하게 될지 어떨지도 모르겠습니다. 하지만 다음과 같은 사실만큼은 부인할 수 없습니다.

명제 : 철학은 대화의 문제가 아니라 **주장** ***affirmation***의 문제라는 것.

상관요소 1 : 철학은 상식과 자명한 이치를 옹호하는 것이 아니라 뜨겁게 달아올라 빛을 발하는 것, 희소한 것을 옹호한다는 것.

상관요소 2 : 철학은 지혜의 여자 친구가 아니라 진리의 여자 친구라는 것.

*

결국, 바로 여기에서 철학의 기법은 전투 기법일 때만 가치가 있다는 사실이 귀결됩니다.

둘 중 하나입니다.

하나는 대화를, 상식을, 지혜를 믿는 것입니다. 그러면 모든 체계들이 어떤 어둡고 심오한 일치 속으로 수렴되는 착하고 친절한 철학, 차분하고 평화로운 철학을 하게 됩니다. 철학이 관계의 동인이 되는, 살아 있는 스위치가 되는, 혼자서 전화교환수 노릇을 하며 모든 사람을 모든 사람과 접촉하게 하는 철학을 하게 됩니다. 이것이 바로 쿠쟁 식 "사상의 민주주의"입니다. 모든 교의의 정당성을 인정해 주고, 각각의 교의에서 다른 교의들과 양립 가능한 것들만 간직하는 방식 말입니다.

말하자면 스코틀랜드 학파의 가장 좋은 것과 빅토르 쿠쟁의 『칸트 철학에 관한 교훈들』을 합하거나, 에우나피우스[26]나 포르피라[27]의 바탕에 약간의 아벨라르[28]를 얹거나, 루아예-콜라르[29]에다 헤겔을, 혹은 쿠쟁이 헤겔에 대해 이해한 것—최소한 한 세기 이상 그의 작품을 곡해하게 하는 데 기여한—을 더하거나 하는 식으로 말입니다. 이렇게 하면, 결국 그 교의들 하나하나가 모두 중화되고, 소거되고, 해체되어 버릴 위험이 따른다는 것을 우리는 알 수 있습니다……

다른 하나는 정반대 입장을 택하여, 대화 형식에 대한 건전한 불신과 동시에, 이단적이고 소수파적이며 종파적인 사상 표현에 대한 본능적인 신뢰로 무장하는 것입니다. 이 경우에는 해소될 수 없는 불화의 철학, 타협 불가능한 불일치의 철학, 완전히 해소하기가 불가능한 까다로운 분쟁의 철학을 하게 됩니다. 이때 철학은 무술이 되고, 철학 집단은 **파이트 클럽**이 됩니다.

진리 자체도 폴레모스[30]의 딸이 되며, 논쟁술*éristique*이 발견술 *heuristique*을 대체하게 됩니다.

이것이 바로 철학의 장을 캄플라츠*Kampfplatz*—직역하면 전투의 장—로 정의하는 칸트의 입장입니다. 헤겔의 **현상학** 역시 티탄 족들이 벌이는 하나의 거대한, 경이로운, 끊임없는 전쟁과 다르지 않습니다. 알튀세르도 그렇습니다. 철학의 규칙에 대한 정의를 시도할 때, 붉은 물고기들이 사는 연못 주위에서 저와 대화를 나누며 저에게 "목표들"을 지정해 줄 때 그가 사용한 은유들은 언제나 전투적인 은유들이었습니다. 플라톤 역시, 대화를 통해서건 아니건, 철학 작업에서 "거인들의 전투"를 보지 않을 수가 없었습니다. 또한 니체는 말할 것도 없습니다. 『차라투스트라는 이렇게 말했다』의 제1장 제목이 바로 "전쟁과 전사들에 대하여"가 아닌가요……

---

26. Eunapius(349~414?). 수사학 교수로 일했으며 『철학자들과 소피스트들의 생애』를 썼다.

27. Porphyre(234~305). 신플라톤학파 철학자로 플로티노스의 제자로 알려졌으며, 『플로티노스의 생애』를 썼다.

28. Pierre Abélard(1079~1142). 프랑스 신학자, 철학자, 작곡가로 12세기 초의 언어 예술을 일신한 주역의 한 사람으로 알려져 있다.

29 Royer-Collard(1763~1845). 프랑스 정치가이자 철학자로, 스코틀랜드 철학을 프랑스에 도입하여 19세기 전반의 프랑스 철학에, 특히 빅토르 쿠쟁 같은 철학자에게 많은 영향을 주었다.

30. '전쟁'을 뜻하는 그리스어 Polemos(Πολεμος).

저는 니체가 "전쟁을 하는 형제들"에게, "적들"을 소중히 여기는 철학 따위는 꿈꾸지 말라고 권고하는 그 대목을 좋아합니다. 저는 그가 그들에게, 진정한 모든 사상이 품는 "증오"를 이제 더는 "수치"로 여길 필요가 없으며, 또한 사상의 차원에서 "평화"를 단지 "새로운 전쟁의 한 수단"으로만 생각하도록 권고하는 것이 좋습니다.

저는 또한 이렇게 말하는 그가 좋습니다(그가 그들에게 하는 얘기는 사실 이런 얘기입니다). 여러분은 다른 사람들이 걱정되십니까? 인류가? 인간 말종들이? 단순한 사람들이? 그렇다면 "전쟁과 용기"가 이를 위해 "사랑보다 훨씬 더 대단한 일들"을 했다는 사실을 아십시오. 당신들이 걱정하는 그 인류를 구하는 것은 당신들의 "연민"이 아니라 당신들의 "용기"임을 잊지 마십시오.

저는 그가 그들에게 날리는 말, 또한 그들을 통해 우리에게 날리는 말—"앎의 성자가 될 수 없다면, 적어도 앎의 전사들이 되도록 하십시오."—이 좋습니다. 그는 이렇게도 말했습니다. "앎의 전사들은 성스러움의 동반자요 선구자들입니다." 여러분은 "여러분의 적을 찾아 여러분의 전쟁을 해야 합니다. 여러분의 사상을 위한 전쟁을." 이보다 더 잘 말할 수는 없을 것입니다. 철학이란 오로지 각을 세우고 가시를 돋우고, 관점들을 첨예화하며, 화해 불가능한 것을 화해시키고자 하지 않고, 모순들을 해소하려 하지도 않으며, 결함을 눈감아 주지도 않고 사물들의 부정적인 면을 지우려 하지도 않을 때라야만 의미가 있다는 것을 이보다 더 잘 말할 수는 없을 것입니다. 여기에서 다음과 같은 두 가지 결론이 연역됩니다.

첫째, 철학자는 철학하는 행위 그 자체에 있어서는 민주주의자일 수가 없다는 것입니다. 물론 실생활에서는 민주주의자일 수 있습니다. 아니, 저의 보잘것없는 견해로는, 마땅히 지독한 민주주의자여야 합니다(최근에 "마오시당*Maoccidents*"[31]이라는 가상의 당을 만든 이들은 바로 이 점을 이해하지 못한 것 같습니다만). 실생활에서는 삶을 편하게 해주는 그런 적절한 타협이 철학에서는 당신의 사상을 무기력하게 만드는, 이도 저도 아닌 소심한 행위일 수 있습니다. 민주주의는 사유의 장에서는 의미가 없는 말입니다. 철학적 민주주의는 지금도 없고 앞으로도 절대 있을 수 없습니다.

둘째, 좋은 철학은 무엇을 "위해서" 할 때뿐, 무엇에 "반대하여" 좋은 철학을 하게 되는 일은 절대 없다고 말한 사람이 아마 들뢰즈일 거라고 생각됩니다. 하지만 저의 생각은 정반대입니다. 거듭 말하지만, 저는 분노의 미덕을, 나아가 부정적 열정의

---

31. 모택동주의자maoïste와 서양Occident의 합성어. 르몽드 기자 장 비른바움Jean Birnbaum은 『마오시당*Maoccidents*』(stock, 2009)이란 책에서, 특히 앙드레 글뤽스만의 경우를 통해, 프랑스의 모택동주의자들이 어떻게 '붉은 동양' 숭배에서 '서양 옹호'로 전향했는지를 고찰한 바 있다.

미덕을 믿습니다. 위대한 철학은 언제나 공격적인 철학이라고 생각합니다.

어떤 철학이 스스로에게 제기해야 할 참된 물음, 그것은 자신이 무엇에 **소용되는지**를 묻는 게 아니라 무엇에 **해가 되는지**를 묻는 것이라고 생각합니다. "누구에게 **득이 되는 일**을 하느냐"가 아니라, "누구에게 **해가 되는 일**을 하느냐"라고 말입니다. 또한 "누가 나의 편이냐"가 아니라, "누가 나의 적이냐"라고 말입니다. 또한 "어떻게 빛을 밝혀 나의 동시대인들을 계몽하느냐"(진보주의를 신봉하는 지진아들의 영원한 꿈이지요)가 아니라, "어떻게 빛을 꺼서 조금이나마 어둡게 하느냐"(타자에게, 적의 당에, 말하자면 적의 방어선 뒤로 넘어가 약간의 불화, 즉 약간의 어둠을 뿌리고, 내친 김에 악의와 분열의 좋은 독액도 뿌려 주는 것)라고 말입니다.

헤겔과 신헤겔학파에 맞서 철학하기. 니체의 사회학, 정치학에 대한 바타이유 등장 이전의 해석, 전前콜레주 *pré-Collège*[32]적 해석에 맞서 철학하기. 신플라톤주의와 그 절대라는 악마에 맞서 철학하기. 베르그송과 그 들뢰즈적 변형에 맞서 철학하기. 순수성의 의지 혹은 치유의 의지—저는 다른 책[33]에서, 이 의지야말로 사람들이 너무 일찍 전체주의라고 명명했던 것의 진정한 모태이며, 개념 전쟁을 잘 수행하면 이를 좀 더 잘 명명할 수 있다는 점을 논증한 바 있습니다—에 맞서 철학하기. 내가 글을 쓰고 철학을 하는 데 방해가 되는 이들에게 해를 끼치기 위해 철학하기. 멍청이들과 비열한 작자들이 기뻐 날뛰는 걸 조금이나마 방해하기 위해 철학하기. 바디우에 맞서 철학하기. 배불뚝이 지젝에 맞서 철학하기. 잠자는 당, 어릿광대들의 당 혹은 살인적인 급진파들의 당에 맞서 철학하기.

미안합니다만 이것이 진실입니다. 30년 전부터 저는 철학이라는 걸 좀 할 때마다 언제나 이런 식으로 했습니다. 어떤 상황이 주어지면, 거기에 어떤 문제 혹은 어떤 상황이 결정되어 있는지를 헤아리고, 적을 식별하고, 적을 알아낸 다음에는 그를 위협하여 꼼짝 못하게 하든가, 아니면 그를 궁지로 몰거나 뒤로 물러나게 하는 식으로 말입니다. 게릴라전이라 할까요. 학대라고 할까요. 어떻든 전시戰時에는 전시에 맞게 해야 하는 겁니다.

---

32. Le Collège international de philosophie(CIPh)의 약칭. 프랑수아 샤틀레, 자크 데리다 등이 주도하여 1983년에 설립한 기구로, 강좌가 대중에 개방된 일종의 '열린' 대학이라 할 수 있다. 저자가 여기서 말하는 "전前콜레주적 해석"이란 이곳의 강좌들을 통해 해석되기 이전의 해석을 말하는 듯하다.

33. 베르나르-앙리 레비가 1994년에 발표한 『위험한 순수』 참조.

3

흡혈귀 사상 예찬

철학은 다른 담론 행위들, 다른 모든
담론 행위들에 예외 없이 활짝 열려 있고,
마땅히 그리 되어야 합니다.

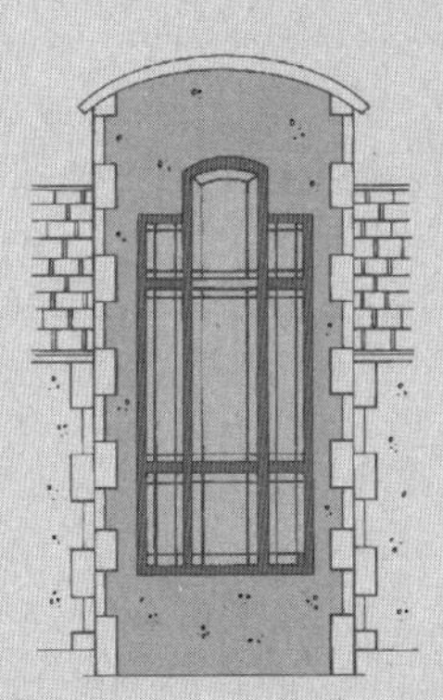

*

철학자에게 제기되는 또 다른 문제, 그것은 바로 앞에서 잠깐 살펴보았듯이 앞선 철학자들의 전통과 어떻게 타협할 것인가 하는 문제입니다. 다시 말해서 그들을 어떻게 **읽느냐** 하는 문제 말입니다. 이 문제에 관해서도 저는 분명한 입장을 취하고자 합니다. 또한 되도록 분명하게 경계선을 긋고 문제점을 명확히 밝히도록 하겠습니다.

여기에도 분명히 구분되는 두 가지 방식이 있습니다.

일단 "대화적인" 읽기는 배제합니다. 대화의 강박관념에 대해 제가 어떻게 생각하는지는 방금 말씀드렸습니다. 또한 어째서 저에게는 주석註釋 전통이 철학의 왕도처럼 보이지 않는지에 대해서도 말씀드렸습니다. 그러므로 저는 읽기를 진리 출현의 방식으로 이해하는 태도를 배제합니다. 스피노자나 데카르트 혹은 셸링의 어느 페이지를 낚아채어 이 세계를 다시 만들고 존재의 진실을 말할 수 있으리라고 상상하는 "대 주석가"의 **휘브리스***ubris*[34]를 저는 배제합니다. 제가 보기에, 더 이상 전통에 주눅이 들어 마비당해 있지 않고 다른 철학자들이 발전시킨 철학소*philosophème*들에 입각하여 자기만의 철학소들을 제안하고 또 그것들을 실행하는 것을 자신의 본분으로 여기는 철학자에게는 과거를 다루는 두 가지 방식, 과거가 우리에게 남긴 텍스트들을 읽는 두 가지 방식이 있습니다.

우선 공감에 의해, 감정이입에 의해 진행되는 느린 되새김질 방식의 독법, 하이데거라면 **쉰우시아***sunousia*[35]라고 말했을 독법이 있습니다. 아니! **쉰우시아**라는 말로도 부족합니다! 하이데거가 실천한, 혹은 권고한 이 독법은 읽은 텍스트가 자신의 내면에서 서서히 발전하게 내버려두는 독법, 그것이 자기만의 시간과 공간을 차지하도록 내버려두는 독법입니다. 극단적인 경우, 이는 어쩌면 텍스트의 원작자가 그 텍스트를 구상하고 쓰는 데 걸린 만큼의 시간을 들여야 하는 독법입니다. 이는 글쓰기만큼이나 영감에 찬 읽기로서, 끝이 없는, 거의 무한한, 일종의 정신분석으로서의 읽기입니다.

이것은 바로 하이데거의 이야기입니다. 그는 1946년에 보프레[36]에게 이렇게 말했다고 합니다. 자신의 철학을 읽고 싶다면,

진짜로 자신의 철학을 읽고 싶다면, 그에게 적어도 20년은 필요할 거라고 말입니다. 그리고는 예상보다 2년이 빠른 18년 뒤에, 자신의 애제자가 강연회—철학의 종말에 관한 그 유명한 1964년의 강연 말입니다—를 개최하여, "자, 이제 끝났습니다. 이를 위해 저는 18년을 바쳤습니다만 이제 끝났습니다. 저는 읽었고 이해했습니다."라고 말하는 것을 듣고 경악하게 되지요. 약간의 분노와 함께 말입니다. 이는 창조의 제스처를 다른 양식으로 중복하는 것, 다시 시작하는 것, 되풀이하는 것으로서의 읽기입니다. 이는 '존재'의 부름을 청취함에 있어 중요한 역할을 하는 것으로서의 읽기이니 말입니다……

그런 한편, 또 다른 방식의 읽기가 있습니다. 해적질로서의 읽기, 노략질로서의 읽기, 듣기보다는 실행에 더 신경을 쓰는, 존중보다는 이용에 더 신경을 쓰는 읽기가 있습니다. 고공비행으로서의 읽기(대충 훑어보기), 횡단으로서의 읽기(모든 횡단은 나름

---

34. 휘브리스는 원래 신에 대한 인간의 '오만무례함'을 의미하는 것으로, 델피 신전에 새겨져 있는 "너 자신을 알라"는 인간의 오만무례함을 경고하기 위한 신들의 말이다.

35. sun(mit, with)과 ousia(Dasein, being with)의 합성어. '여기 함께 있음'으로 번역될 수 있으며, 플라톤의 『소피스테스』에선 '대화'라는 뜻으로 쓰였다.

36. Jean Beaufret(1907~1982). 프랑스 철학자. 하이데거의 제자이자 친구로서, 그의 사상을 프랑스에 알리는 데 중추적인 역할을 담당하여 '프랑스의 하이데거 대사大使'로 불렸다.

의 가치가 있습니다. 서기이자 번역자, 주석자, 해석자 그리고 세르반테스의 『돈키호테』의 저자이기도 했던 보르헤스의 피에르 메나르[37]를 보십시오. 언제나 우리는 『예수 그리스도의 모방』[38]을 마치 셀린느가 쓴 책인 것처럼 읽을 수도 있다고 한 보르헤스의 선언을 생각해 보십시오……)가 있습니다. 음악적인 의미에서 해석으로서의 읽기(음악에서 해석은 어떤 테마 하나를 잡아 거기에 매달립니다. 그것은 자유롭고, 가볍고, 경망스럽고, 파괴적이고, 파문을 일으키는 것일 수 있습니다. 그것은 장르를 왜곡하고, 장르들을 교차시키고, 장르들을 서로 기생寄生시킬 수 있고, 최고의 화음들은 물론 엉터리 음정들, 12음 음악 기법을 연주할 수도 있습니다)도 있습니다. 밀수업 같은 것으로서의 읽기도 있고, 또한 제가 『사르트르의 세기』에서 실천했을 뿐만 아니라 연출하고 조명하기도 했던 그런, 거의 허구적인 것으로서의 읽기도 있습니다. 사르트르가 어떻게 하이데거(하이데거만이 아니라 다른 철학자들, 다른 작가들, 정치가들)를 읽었는지 이해하려고 쓴 바로 그 책에서 말입니다(사르트르는 그들을 자신의 전쟁 기계를 살찌우는 자양분으로 삼았고, 그들에게 새로운 가치를 부여했습니다. 그리고는 이따금 잊어버리곤 했습니다만, 이 망각은 그들을 자신의 것으로 소화하는 제스처만큼이나 필요하고 능동적인 것입니다). 또한 알

37. 보르헤스의 1939년 작 단편 「『돈키호테』의 저자 피에르 메나르」 참조.

38. 『예수 그리스도의 모방 *Imitation de Jésus-Christ*』은 14세기 말 혹은 15세기 초의 작자 미상의 작품이나, 지금은 독일 태생의 중세 기독교 수도사 켐펜의 토마스의 작품으로 간주된다.

퀴세르가 말한 "징후적인 읽기*lecture symptomale*"(오늘날에 와서 돌이켜볼 때 저는 이 개념이 바로 그의 정신적 구조에, 다시 말해서 어떤 텍스트 속으로 깊이 들어가 거기에 매달리는 일이 불가능한 거의 병적인 그의 무능, 그의 광기에 기인함을 잘 압니다만, 그러나 이는 풍요로운 개념인 동시에 강력한 개념으로, 표본조사와 유추로서의 읽기, 화물선을 검사하듯 하는 텍스트 조사, 어휘공격, 풍부한 채취로서의 읽기 개념입니다)는 그런 필요성을 미덕으로 하여 이론화한 독법입니다.

여기서도 저는 추호의 망설임 없이 두 번째 편에 섭니다. 이 두 가지 읽기 양식에는 각기 내재하는 위험이 있습니다(전자는 되새김질에, 의식儀式화된 되풀이에 빠질 위험이 있고, 후자는 경망스러움에, 생각 없는 외교적 의례에 그쳐 텍스트와 나 사이에 온갖 층위의 오해가 생겨날 소지가 있습니다). 그러나 저는 두 번째 입장을 택합니다. 물신숭배의 편보다는 해적단의 편에 섭니다. 제가 이쪽 편에 서는 이유는 그것이 앞서 제가 저의 근본적인 선택의 하나라고 말했던 그 전쟁에 적합한 유일한 입장이기 때문입니다.

전쟁에는 전쟁에 맞는 방법을 택해야 합니다. 읽기도 전쟁을 하듯 해야 합니다. 전쟁을 치르고 어쩌면 승리를 거두게도 해줄 좋은 무기를 구하기 위해서는 좋은 병기창을 털어야 합니다. 이를 위해서는 야만적인 읽기가 필요합니다. 불경하면 어떻고 무책임하면 어떻습니까.

*

읽기를 말하는 사람은 인용을 말합니다. 철학을 어떻게 하는가 하는 문제는 인용을 하는지 안 하는지, 또 한다면 어떻게 하는지 하는 문제이기도 합니다. 이 문제는 별 것 아닌 것처럼 보입니다. 그러니까 순전히 기술적인 문제로 말입니다. 하지만 이 문제에 어떻게 대답하느냐에 따라 철학이 두 가지 스타일로 나뉩니다.

여기서도 양자택일이 가능합니다. 언제나 인용을 하는 철학자들이 있습니다. 인용부호를 달고, 해설을 덧붙이고, 페이지 하단에 각주를 넣고, 참조 부호를 달고, 주석을 넣습니다. 대부분이 그렇게 합니다. 그런가 하면, 절대 인용을 하지 않는 철학자들도 있습니다. 매끄럽고 통일된 그들의 언어는 마치 인용들을 먹어버린 것 같습니다. 그것들을 소화하여 자신의 글에 체화해버린 것 같습니다. 예를 들면 데카르트가 그렇고, 스피노자, 비트겐슈타인이 그렇고, 아리스토텔레스도 거의 대부분 그런 식이었습니다.

그렇다면 여기서 의문이 생깁니다. 어째서 데카르트나 스피노자, 아리스토텔레스는 인용을 하지 않는가? 그들은 책을 많이 읽은 사람들입니다. 생의 대부분을 책 읽는 데 바친 사람들로 알려져 있습니다. 한데 어째서 그들은 인용을 하지 않은 걸까요?

여기에는 두 가지 이유가 있습니다. 첫째는 그들이 “해적”의 편이었고, 앞에서 말했듯이 해적은 약탈을 하지 인용은 하지 않기 때문입니다. 하지만 중요한 건 두 번째 이유인데, 이는 첫 번째 이유의 참된 동기이기도 합니다. 그것은 바로 진지한 철학은 하나의 체계이며, 체계라는 것은 앞에서 보았듯이 부분들이 서로 결탁하고 각 부분이 또 전체와 결탁하는 하나의 총체이기 때문입니다. 그래서 그 부분들 중 어느 하나를 떼어낸다는 것, 인용을 하려고 고립시킨다는 것, 그것을 그것의 토양 같은, 그것의 빛 같은, 혹은 그것이 환히 밝히는 그늘 같은 그 의미의 구조에서 뽑아내는 것, 이는 무의미한 행위이기 때문입니다.

물론 철학자들 중에는 텍스트들을 대충 훑어보기만 해서 인용을 하지 않는 사람들도 있습니다.

그러나 다른 이유로 인용을 하지 않는 사람들—이들이 더욱 흥미로운데—, 말하자면 텍스트들을 너무나 정확하고 너무나 내밀하게 알고 있기에, 텍스트들을 너무나 존중하기에 인용을 하지 못하는 사람들도 있습니다.

그것은 바로 이 강당에서 보프레가 한 대답이기도 합니다. 사람들이 실로 잊기 어려울 만큼 야단스럽게 그를 맞이한 후(제가 보기엔 1969년 가을의 일이었습니다만, 제가 보기엔 “1968년 5월의 감동”에 근접하는 소란이었던 것 같습니다), 마침내 그가 강연을 시작했을 때, 그리고 어째서 그가 하이데거를 읽는 데 18년(20년이 아니라)이란 세월을 보냈느냐는 질문을 받았을 때, 또한 유대인이 탈무드를 읽고 성찰하는 데 쏟는 시간만큼이나 많은 세월을 보낸 그가, 하이데거의 『존재와 시간』을 속속들이 내밀하게 체득하여 알고 있는 그가 어째서 그것에 대한 강의를 전혀 하지 않았으며, 또한 강의를 할 때도, 다시 말해 다른 것들에 대한 강의를 할 때도 어째서 그 책 인용을—정확히 인용이라 불리는 것, 말하자면 철학자들이 어떤 자료집에서 한 조각을 채취하여 그것에 다른 삶을 부여하고자 할 때 하는 것 같은—거의 하지 않는지 물었을 때 말입니다.

그때 그가 한 대답, 왁자지껄한 소란을 힘겹게 가라앉히려 애쓰면서도 이 물음에 어떤 특별한 중요성을 부여하려는 듯이 보이던 그의 대답은 마치 어제의 일처럼 지금도 저의 귓전에 생생하게 울리고 있습니다.

그는 이렇게 대답했습니다. 우리가 어떤 텍스트 속에 살고 있을 때, 텍스트의 내부에 빠져 들어 그것이 계속 우리 내면에서 울리고 있을 때는 그것을 인용하기가 불가능하다고 말입니다. 그럴 때 그 텍스트는 빛을 발합니다. 그 텍스트는 진동을 합니다. 그 텍스트는 당신을 강박적으로 사로잡으며 그러한 강박 자체가 어떤 열기, 어떤 자장을 일으킵니다. 그럴 때 그것을 인용한다는 것, 거기에서 담론 조각들을 떼어내어 다른 곳에 붙인다는 것, 그것을 여러 조각으로 썰어 이런 저런 소스를 친다는 것, 그 한 미립자를 떼어내 어떤 다른 핵에 이식하여 다른 미립자들과 함께 다른 식으로 분자를 만드는 것은 불가능한 일이 됩니다.

이는 바로 고등사범학교 신입생들이 윌름 가에 도착했을 때 데리다가 그들에게 한 말이기도 합니다. 어느 기념비적인 경고의 말—앞에서 언급한 우엘벡과의 의견 교환 때 나의 기억에 되살아난 말입니다만—에서 그는 그들에게 이렇게 말했습니다. "데카르트는 이렇게 말했다."라고 하거나, "스피노자는 이렇게 생각한다." 혹은 "칸트에 의하면"이나 "피히테에 따르면……" 이라고 하거나, "헤겔이 말하는 바와 같이, 실재하는 모든 것은 합리적이요, 합리적인 모든 것은 어쩌고저쩌고"라고 말하는 것, 그것은 데카르트에 대해, 스피노자에 대해, 헤겔에 대해, 혹은 다른 누군가에 대해 아무것도 말하지 않는 거라고, 비단 그들에 대해 아무것도 말하지 않는 것일 뿐 아니라, 그들을 축소시키고, 그들을 왜곡하고, 그들을 변질시키고, 그들을 희화화하는 거라고 말입니다.

물론 그의 말을 무시할 수도 있습니다. 그야 뭐라고 하건 인용을 할 수 있습니다. 하지만 그렇게 하더라도 자신이 무엇을 하는지를 알고서 그 천진함의 몫을 최대한 줄이도록 해야 합니다.

이를 테면 위스망스[39]처럼 말입니다. 어느 정도 가장되어 있으나 인용들의 랩소디(모음집)에 다름 아닌 『거꾸로 *A rebours*』에서, 화자는 퇴폐주의적이고 허무주의적인 그 특유의 어조로, 그 인용들이 조롱을 하기 위한, 신망을 떨어트리기 위한 것이라고 서슴없이 말합니다. '거꾸로'라는 말의 라틴어 의미는 바로 철학에 대한 "풍자"입니다.

기 드보르[40]의 경우도 그렇습니다. 인용이란 언제나—다음은 그가 하는 말입니다만—"본래의 맥락에서, 본래의 움직임에서, 결국 본래의 시대에서 뽑혀져 나온 조각"이라는 것, 그것은 어느 먼 텍스트에서 떨어진 운석과 같이 "지시대상"의 맥락에서 떨어져 나옴으로써 그것이 "본래의 지시대상 내부에서 차지하고 있던" 그 "정확한 옵션"을 상실해버렸다는 것, 그러므로 인용을 하는 것은 좋으나 다만 그 인용을 경애심의 발로로 볼 것이 아니라 하나의 "콜라주"로, 하나의 "전환"으로, 다시 말해 우리가 흔히 이해하는 "인용"과는 "정반대"되는 것으로 보아야 한다고 그는 말합니다.

---

39. Joris-Karl Huysmans(1848~1907). 네덜란드 출신의 프랑스 소설가 · 미술비평가. 에밀 졸라의 제자로서 「바타르 자매」(1879) 등을 쓴 후 「반역」(1884)의 탐미주의, 「저쪽」(1891)의 악마주의를 경유, 중세 가톨릭교에 심취한다. 「출발」(1895), 「대성당」(1898), 「수련자」(1903) 등에서 가톨릭교의 음악 · 건축 · 제식 등의 징표를 연구하여 20세기 초엽 혼미한 영혼을 바로잡을 길을 보여줌과 동시에 중세의 신앙과 문화를 여실히 재현하였다.

40. Guy Ernest Debord(1931~1994). 마르크주의 이론가 · 작가 · 영화감독. 상황주의 인터내셔널의 창립 멤버이기도 했다.

필립 솔레르스

기 드보르

필립 솔레르스[41]도 마찬가지입니다. 그 역시 대단한 "인용가" 내지는 "풀칠하는 사람" 혹은 "풍자가"라 할 수 있습니다만, 그러나 그는 언제나 자신의 인용들이 인용이 아니라 "증거"요 "전략적" 제스처라는 점, 혹은 언젠가 그가 말했듯이, "다수가 자신을 이해시키기 위해 단수單數를 소환하는" 한 방식이라는 점을 분명히 드러내고자 했습니다. 언제나 하나의 전쟁 행위라는 점을 말입니다.

저의 경우로 말하자면, 저는 인용을 하지 않습니다. 아니…… 물론 저도 인용을 하는 경우는 있습니다. 이 책에서도 아마 사람들은, 어느 순간부터 제가 하는 게 사실 인용뿐이 아니냐며 이의를 제기할 수도 있을 것 같습니다. 제가 이런 저런 사람들을 인용하면서, 누구와는 다른 입장에 있고 또 누구와는 공모의 감정을 느낀다는 등등의 얘기만 하고 있지 않느냐고 말이지요.

하지만 그런 인용들은 한쪽에 제쳐 둡시다. 사실 그런 가식적인 인용 놀이는 단지 저의 "입장"을 밝히는 하나의 방식일 뿐, 그런 것은 잠시 잊어버립시다. 제가 인용을 한 경우, 예컨대 『위험한 순수』에서 제가 논쟁을 예찬하는 사람이라는 사실을 알리

41. Philippe Sollers(1936~). 작가·비평가. 1960년 아방가르드 잡지 『텔 켈 *Tel Quel*』을 창간했다. 라캉, 알튀세르, 롤랑 바르트 등과 친분을 나누었으며, 68년 5월 혁명 전후 프랑스의 지성 운동을 그린 자신의 소설에 이 세 캐릭터를 형상화해 넣기도 했다. 1967년 줄리아 크리스테바와 결혼했다.

고 싶어 마키아벨리나 몽테스키외를 인용했을 때, 사실 저는 솔레르스처럼, 드보르처럼, 『거꾸로』의 주인공처럼 한 겁니다. 저의 입장은 어떤 저자에게 박차를 가하여 그를 저의 게임에, 저의 전략에 하나의 패로 잠시 이용하는 겁니다. 아주 엄밀하게 보자면, 저는 어떤 텍스트를 취해 그것을 재료로 변화시키고 그것을 개념들의 압연기壓延機에 통과시켜 하나의 훌륭한 제품으로 탈바꿈시킨다는 이론을 실천하는 입장에 있습니다.

그렇게 함으로써 제가 그 저자의 공적을 인정받게 하려 한다거나, 제가 그를 예찬하려 한다거나, 그를 명예롭게 하려 한다거나, 그가 마땅히 받아야 할 것을 받게 하려 한다고 생각한다면 그것은 오산입니다. 인용을 한 그 텍스트의 숨겨진 진실을 제가 어느 정도는 생산하는 것 아니겠느냐는 것, 그것은 아니 것 같습니다. 정말이지 저는 한 번도 그런 생각을 해본 적이 없으며, 바로 그런 점에서 저는 인용을 하지 않는 철학자인 겁니다.

*

한데 여기서 또 한 가지 질문이 제기됩니다. 지금까지 우리는 인용을 하느냐 하지 않느냐, 이런 식으로 읽느냐 아니면 저런 식으로 읽느냐 하는 문제를 논했습니다. 그러나 압연기니, 제조소니, 철학적 생산이니, 재료의 축적이니 하는 얘기가 나온 마당에는, 다시 말해서 철학이 흡수하는 것이나 철학이 제1질료로 삼는 것에 관한 얘기가 나온 마당에는, 저처럼 이 책에서 자기의 수를 꺼내 보여주면서까지 자신이 어떻게 철학을 하는지—왜 철학을 하는지가 아니라—를 설명하고자 하는 자에게 또 한 가지 질문이 제기됩니다.

그 질문은 이렇습니다. 그는 오직 다른 철학자들과의 접촉을 통해서만 작업을 하는가? 그는 오직 철학소哲學素들만 제조하고 변형시키는가? 그렇지 않으면 그가 이용하는 다른 재료들, 그의 철학적 제스처를 구성하는 다른 재료들이 있는가?

이와 관련해서도 우리는 오직 다른 철학자들만 상대하고 싶어 하는 철학자들이 있음을 알고 있습니다. 이 철학자들은 이를테면 시라는 말을 들으면 자신은 얼굴을 숨기거나 고개를 돌려버린다고 주장합니다. 분명 저는 그들이 그렇게 "주장"한다고 말했습니다. 왜냐하면 그런 그들의 말이 정말 진심에서 우러난 것인지 확신이 가지 않기 때문입니다.

여러분은 플라톤이 이 문제에 대해 복합적인 입장을 취했음을 알고 있습니다. 여러분은 디오게네스 라에르티오스[42]가 쓴 『고대 철학자들의 가르침과 생애』 제3권에 등장하는 이야기, 즉 청년 플라톤이 소크라테스를 만나고 나서 자신이 쓴 비극들을 모조리 불살라버린 날의 이야기를 알고 있습니다. 또한 그가 자신은 철학과 시의 케케묵은 "분쟁"에 종지부를 찍고 싶었으며, 이를 위해 죽음이나 영웅들의 탄식, 신들의 은밀한 웃음 등과 관계된 모든 것을 도시국가*Cité*에서 추방해 버리고 싶었다고 말하는 『공화국*République*』 제10권을 알고 있습니다. 하지만 여러분은 그런 추방이 얼마나 어려운 일인지도 알고 있습니다. 그것이 얼마나 애매한 일인지 여러분은 알고 있습니다. 말은 그렇게 했으나 그가 『공화국』이 정말 추방해 버려야 할 시의 "모방"적 측면과 철학이 오히려 영감을 얻어야 할 시의 구성적 측면, 즉 그 운율이나 숨어 있는 대수학을 애써 구분하고 있음을 여러분은 알고 있습니다.

그뿐만이 아니지요. 『페드라*Phèdre*』에서, 다른 무엇보다도 소크라테스가 리시아스의 담론에 대한 대답을 시도하는 그 결정적인 순간에, 바로 "뮤즈들"에게 호소한다는 것(그가 호메로스나 헤시오도스가 했던 바로 그 말들로 뮤즈들의 가호를 빈다는 것), 그리고 『페이돈*Phédon*』에서는 그가 철학 자체를 "최고의 예술 작품"으로 지칭하기까지 한다는 것을 여러분은 기억하고 있습니다. 게다가 제가 또 하나 특기하고 싶은 것은, 프로클로스[43]에서부터

42. 3세기 전반에 시인으로 활동했으리라는 추측뿐, 이 인물에 대해서는 알려진 바가 거의 없다. 하지만 역설적이게도 고대의 많은 철학자들의 가르침과 생애가 후대에 알려진 것은 그의 책 『고대 철학자들의 가르침과 생애*Vies et doctrines des philosophes de l'Antiquité*』를 통해서다.

막시무스 티리우스Maxime de Tyr에 이르기까지, 언제나 고대인들은 플라톤이 가장 가까웠던 인물은 소크라테스라기보다 호메로스라고 말했다는 것, 그리고 그런 그들의 말이 틀리지 않았다는 사실입니다……

어떻든 간에, 스스로를 정화할 때라야만, 쓸데없는 가지들을 잘라내고, 자신이 아닌 다른 모든 것을 떨쳐버릴 때라야만 그 자신이 되는 그런 철학을 하고픈 금욕적인 유혹, 그런 식욕부진의 유혹이 있다는 사실을 인정합시다. 예컨대 비트겐슈타인을 우리는 그런 식욕부진에 걸린 이들의 왕으로 부를 수 있을 겁니다. 그는 "재생산하는" 사상가 역할을 자임한 텍스트들에서, 자신은 철학이 아닌 다른 재료로는 결코 작업을 할 수 없다고 말했습니다. 그의 말을 믿어 줍시다.

하지만 이와는 전혀 다른 경향, 전혀 다른 철학자들도 있습니다. 우선 철학은 과학이 없으면 아무것도 아니라고 생각하는 철학자들이 있습니다. 아리스토텔레스의 『기상학*Météorologiques*』이나 『물리학*Physique*』이 그렇습니다. 플라톤도 그렇습니다. 그는 철학은 "과학의 여왕"이라 말했고, "변증법은 지식 구축의

43. Proklos(410~485). 그리스의 철학자. 그리스도교의 감화력이 강한 시대에 끝까지 그리스철학의 전통을 옹호했다. '디아도코스(전통계승자)'라는 칭호를 얻었다. 신플라톤주의의 철학을 닦아 이론은 물론 실천에서도 '일자一者'와의 신비적 합일을 추구하였다.

정점"이라고 말했으며(『공화국』, 제7장), 통속적인 지식과 오만하고 거만하며 별 같은 철학 사이에 연속성의 중단이나 단절 같은 것이 있다고 보지 않았습니다. 데카르트는 물론이요, 라이프니츠도 마찬가지입니다. 그들은 과학자들이었습니다. 그것도 하찮은 과학자들이 결코 아니었습니다. 어디 그뿐인가요. 분명하게, 콤플렉스 없이, 문학적 재료로 철학을 한 예술가 철학자들도 있습니다.

다시 한 번 저는, 방금 말한 이들, 아예 무기와 보따리를 싸들고 시의 진영으로 넘어가버린 철학자들은 배제합니다. 많은 철학자들의 문학적 "유혹"에 대해서는 눈감아 주기로 합니다(몽테뉴가 그렇습니다. 기 라르드로[44]가 "발견에 도움이 되는 픽션들"—그는 이 픽션들이 『변신론*Théodicée*, 辯神論』에 리듬을 부여하고 에필로그를 제공한다고 말합니다—에 대한 분석에서 전하는 라이프니츠의 모습도 그렇습니다. 데카르트도 그렇습니다. 그는 어쩌면 신중을 기하기 위해서, 어쩌면 "지루하게 하지 않기" 위해서 일종의 소설가가 되었으며, 그가 말하는 "상상의 공간들" "우주 생성 관련 픽션들" "우화들" "악령" 등은 순수한 문학입니다). 저에게 중요한 것, 그것은 푸코에서 데리다까지, 오늘의 저를 만든 철학자들입니다. 그들의 공통점은 철학적 재료와 문학적 재료를 구

---

44. Guy Lardreau(1947~2008). 프랑스 철학자이자 철학교수. '프랑스식 모택동주의'의 이론가로 열려졌으며, '신新철학'의 흐름을 고취시킨 인물로 평가된다.

벨라스케스의 「시녀들」
푸코는 『말과 사물』에서 이 그림에 대해 "보이는 것과 보이지 않는 것이 이중적으로 연결된 그림"이라 평하며, 인간의 위치를 자각한다.

분하지 않고 무차별적으로 일차적 재료로 삼아 작업을 했다는 것과, 그리고 이 철학이란 학예를 칸트주의가 올려놓은 그 최종 하늘에서 다시 끌어내려 이 세계의 정신을 굴리는 도르래의 바퀴에 되돌려 놓았다는 점입니다.

벨라스케스의 「시녀들Les Ménines」이 없다면 푸코의 『말과 사물』이 무엇이겠습니까?

'피콜로 테아트로 극단'과 브레히트에 관한 『마르크스를 위하여』의 텍스트가 없다면 알튀세르가 무엇이겠습니까?

사드와 지드가 없는 라캉이 무엇이겠습니까?

처음부터 데카르트나 헤겔, 후설 같은 철학자 못지않게, 앙토넹 아르토나 모리스 블랑쇼, 파울 첼란, 말라르메, 그리고 자신의 화가 친구들인 티투스-카르멜이나 아다미, 반 고흐의 구두, 세잔의 사인*signature*과 그의 "소리 없는 예술"을 이용한다고 우리를 향해 집요하게 떠들어대던 그 고집 없이, 과연 데리다가 데리다이겠습니까?

저의 입장은 그렇습니다. 그들과 마찬가지로, 저는 철학의 직무는 철학의 장 바깥에 있는 담론 조각들을 끌어들일 때라야만 의미를 갖는다고 생각합니다.

구체적으로 말해보지요. 아마도 저는 만약에 다음과 같은 것들이 없었다면, 30년 전에 감히 철학 책을 쓰겠다는 결심을 하지는 않았을 겁니다. 첫째, 과학사, 다시 말해 바슐라르[45]나

카바이예스[46], 캉길렘을 조금이라도 접하게 되지 않았다면 말입니다. 둘째, 한 작가, 즉 제가 "우리 시대의 단테"라고 불렀으며, 저의 첫 책 두 권을 바쳤던 알렉산드르 솔제니친이라는 작가의 작품을 읽고 충격을 받지 않았다면 말입니다. 셋째, 유대인의 말과 그리스의 로고스 간의 기이한 접합과 히브리 문자에 접근하지 않았다면 말입니다.

이 세 자료집이 제가 구상하여 실천하는 철학 랩소디의 일부를 이루고 있다는 것을 저는 알고 있습니다.

철학을 한다는 것, 그것은 물론 철학을 예술이나 과학 혹은 유대교학에 "뒤섞는" 것이 아니라, 이것을 저것에 접목시키는 것, 철학에 속하지 않는 실천이나 소리를 철학 안에 도입하는 것, 서로 마주칠 일이 거의 없는 세계들을 서로 대화하게 하는 것임을 저는 알고 있습니다.

또한 저는 이런 실천 방식이 철학을 오염시키거나 무미건조하게 하기는커녕, 오히려 철학을 풍요롭게 하고 그야말로 철학의 격조를 높인다는 것을 알고 있습니다.

---

45. Gaston Bachelard(1884~1962). 인식론적 장애와 인식론적 단절이라는 개념을 도입하여 미셸 푸코나 루이 알튀세르 같은 많은 철학자에게 영향을 준 과학철학자. 4원소에 입각한 질료적 상상력 연구로 문학비평에 새로운 지평을 열었다.

46. Jean Cavaillès(1903~1944). 프랑스 수학자이자 수리철학자. 제2차 세계대전에 참전한 레지스탕스 영웅이기도 하다.

철학은 대상이 따로 없습니다. 철학은 고유의 것이 없습니다. 철학은 다른 담론 행위들, 다른 모든 담론 행위들에 예외 없이 활짝 열려 있고, 마땅히 그리 되어야 합니다.

*

그리고 아직 마지막 한 가지 질문이 남아 있습니다. 어떻게 읽을 것인가, 인용을 할 것인가 말 것인가, 한다면 어떤 종류의 조각이나 텍스트를 우선적으로 인용할 것인가 하는 등의 문제들은 해결된 것으로 간주합시다. 마지막으로 남은 또 하나의 질문, 어쩌면 가장 중요한 질문, 그것은 그 조각들의 나이에 대한 질문입니다. 어떤 지층地層의 나이, 어떤 화석이나 어떤 운석의 나이라고 할 때의 나이 말입니다. 이에 대해 한 가지 마지막 제안을 하고자 합니다.

제가 한편으로는 어느 누구와도 철학적으로 대화하는 일에 무관심하다는 것(저는 절대 그런 대화를 하지 않습니다. 어쩌면 저에게 많은 것을 가르쳐줄 수도 있을 동시대 철학자들과도 저는 절대 철학을 논하지 않습니다)과, 다른 한편으로는 예컨대 제가 예찬하는 작가들 같이 먼 고대에서 오는 그 모든 분산된 재료, 그것을 제가 저의 내부에서 작용하게 하고, 그것의 광채를 무차별적으로, 다시 말해 평등하게 받아들인다는 것, 이 두 가지 사실을 하나로 합쳐 봅시다.

그러면 저의 철학하는 방식이 지닌 또 다른 특징이 모습을 드러냅니다. 그것은 스피노자나 둔스 스코투스[47]가 솔제니친이나 레비나스와 다를 바 없는 저의 동시대인이라고 생각하는 것입니다. 피히테나 포이어바흐, 메르센 신부, 가상디 등과 마치 아무개 저널리스트나 거시기 보도기자와 얘기를 나누듯, 자주 그리고 직접적으로 얘기를 나눈다고 생각하는 것입니다. 그렇게 하는 데는 두 가지 이유가 있습니다.

첫째는 우리 주변에 산 자들보다는 죽은 자들이 훨씬 더 많기 때문입니다. 제 말은 진짜로 죽은 사람들 얘기가 아닙니다. 오귀스트 콩트가 산 자들보다 더 많은 죽은 자들로 구성된 인류에 대한 그 유명한 발언에서 말한 죽은 자들을 말하는 게 아닙니다. 그런 게 아니라, 저는 자신이 산 자라고 생각하는 죽은 자들, 자신이 죽은 줄 모르고 있는 죽은 자들을 말하는 겁니다. 예를 들어, 자신이 이미 오래 전에 죽었는데도 계속 페달을 밟아대

47. Duns Scotus(1266~1308). 스코틀랜드 신학자이자 철학자. 로마 가톨릭의 복자이며, '영민한 박사Doctor Subtilis'라고 불렸다. 프란체스코회에 입회하고 옥스퍼드에서 배웠으며, 학업을 마친 다음에는 그곳에서 교편을 잡았다. 옥스퍼드에서 일어난 새로운 자연 연구의 영향과 프란체스코회의 신학적 노선 아래에서 아우구스티누스의 영향을 받아 토마스주의에 반대하고, 중세철학을 점차 르네상스로 인도하는 중요한 계기를 만들었다.

는 알프레드 자리의 사이클 선수를 말하는 겁니다. 고르기아스 앞에서, "사는 것이 곧 죽는 것이 아니고, 죽는 것이 곧 사는 것이 아닌 줄 누가 안단 말인가"라고 외치는 소크라테스를 말하는 겁니다.

저는 살아 있는 주검들의 이 밤을, 알아들을 수 없는 모호한 속삭임을 발송하는 유령들의 이 연극을, 몽마夢魔들과 음몽마녀들과 그밖에 다른 원귀들의 집회를 말하는 겁니다. 우리가 부지런히 활동하고 있는 진짜 사회, 특히 문학계와 철학계를 구성하는 사회 말입니다.

둘째는 반대로 죽은 자들 때문입니다…… 아 죽은 자들! 죽은 자들은 정반대입니다. 산 자들보다 훨씬 더 살아 있는 자들입니다! 그들이 어떤 위대한 텍스트를 통해 우리에게 다시 말하기 시작할 때, 그들은 생생하게 살아 있습니다! 그 사자死者들, 혹은 그 텍스트들은 지구의 내장 깊은 곳에 박힌 불덩어리 같습니다. 아리스토텔레스는 그것들이 아직도 지구의 표면을 덥히고 있다고 믿었습니다. 혹은 잦아든 목소리들 같다고도 할 수 있습니다. 발터 베냐민은 그것들이 지금도 계속 한 줄기 가는 "미풍"처럼 우리의 곁을 스친다고 말합니다.

철학에서는 죽음이란 것이 없습니다. 철학자는 절대 죽거나 살거나 하지 않습니다. 삶과 죽음을 나누는 것은 철학적 관점에서는 타당한 분할이 아닙니다. 철학은 나이가 없습니다. 철학 텍스트들은 역사가 없습니다. 아니, 하나 있다고 하는 편이 낫겠군요. 한데 그것은 아주 묘한 역사입니다. 뒤에 오는 것이 어떻게 보면 앞에 오기도 하는 역사, 베냐민이 아리스토텔레스의 뒤를 잇기도 하고 또한 그를 앞서기도 하는 그런 역사, 니체가 플라톤을 읽는다고 할 수도 있고, 플라톤이 이미 니체를 미리 읽었고 주석을 달았고 해석을 했다고 할 수도 있는 그런 역사입니다. 이는 참으로 묘한 역사입니다. 역사의 중단, 혹은 에포케입니다. 돌연 시간의 선이 더 이상 시대들의 연속으로 구성되지 않고, 시퀀스*séquences*들의 근접성으로 구성됩니다. 그 직접성의 정도는 우리에게 친숙한 연대순과 전혀 다른 무엇에 달려 있습니다. 간단히 말하면, 이는 우리가 부르디외 같은 이를 광년光年의 거리감으로 느낄 수도 있고, 루크레티우스[48]나 트루아의 라쉬[49]를 정확한 동시대인으로 느낄 수도 있는 그런 '반反역사*anti-Histoire*'입니다.

마지막으로 다시 한 번 하이데거를 인용하겠습니다. 아니, 하이데거가 (텔레비전으로 방송된 맨 마지막 발언 때까지, 여러 차례에 걸쳐) 인용한 클라이스트[50]의 말을 먼저 인용하겠습니다. "나는 아직 여기에 있지 않는 어떤 이의 우위를 인정하고 물러납니다. 그의 정신 앞에서 일천 년 앞서 경의의 절을 올립니다."

그리고 하이데거도 『언어로의 도상*Acheminement vers la parole*』에서, 특히 "언어에 관한 어느 일본인과의 대담"을 해설하는 테두리 안에서 이렇게 결론을 내립니다. 어떤 철학자의 대화는 물론 자신의 "선조들"과 하는 대화지만, "어쩌면 그 이상으로, 훨씬 더 은밀하게, 자신의 먼 후손들"과 나누는 대화라고 말입니다. 자신의 분명한 동시대인들과의 대화가 아니라, 이미 오래 전에 죽은, 아주 오래된 선조들과의 대화를 통해 철학을 한다는 것, 이것만으로도 이미 대단한 일입니다. 한데 아득히 먼 조상들 못지않게 먼, 자신이 전혀 모르는 어느 후손들과 얘기를 나누며 철학을 한다는 것, 이는 훨씬 더 대단한 일입니다! 이는 하이데거의 제안입니다만, 아주 겸허하게, 제가 생각하는 바이기도 합니다. 게다가 저는 이미 예전에 이 문제를 중심 주제로 다룬 책을 한 권 쓴 바 있습니다. 사람들이 모두 소설로 여겼지만, 사실 그것은 철학 책입니다.

『보들레르의 마지막 나날들』이 바로 그 책입니다. 제가 이 책에 등장시킨 보들레르는 미치지도 환각에 사로잡히지도 않은, 아편 정기나 실어증이나 멍청함의 기미를 전혀 찾아볼 수 없

---

48. Lucretius Carus(BC 96~BC 55). 고대 로마의 시인이자 철학자. 저서로 『물物의 본성에 대하여*De rerum natura*』가 있다.

49. Rachi de Troyes(1040~1105). '히브리어 성경'과 '바빌론 탈무드'에 대한 주석으로 유명으로 프랑스 랍비, 주석가, 법학자.

50. Heinrich von Kleist(1777~1811). 독일의 극작가이자 소설가. 고전주의로도 낭만주의로도 분류할 수 없는 독자적 문학과 비극적 생애로 독일 시인 최고의 반열에 올랐다.

는 보들레르입니다. 그 보들레르는 자신의 동시대인들이 연대상의 동시대인들이 아니라 앞에서 말한 또 다른 시간, 즉 정신의 시간이라는 관점에서 본 진짜 동시대인들이며, 자신의 '그랑 미롸르 호텔' 방에서 은밀하게 실제로 만났던 동시대인들, 또한 그가 자신의 크거나 작은 군대, 자신의 당파, 자신의 비밀 사회에 가입시킬 의무감을 느꼈던 동시대인들이고, 풀레-말라시스나 샤를 네, 혹은 데오필 고티에가 아니라, 한편으로는 단테, 셰익스피어, 호메로스와 16세기 프랑스 시인들이요, 다른 한편으로는 이 세상에 태어났으나 아직은 예술가로는 태어나지 않은 후예들이라고 생각했습니다. 그 후예의 전형이 바로 이 책의 '화자話者'인데, 이 화자는 제가 젊은, 아주 젊은 스테판 말라르메를 염두에 두고 구상한 인물입니다. 그는 보들레르가 "가엾은 벨기에!"의 메모들을 바탕으로 구술해 주는 훌륭한 마지막 유작을 받아 쓰려고 오는 것으로 상정되어 있습니다.

나는 어떻게 철학을 하는가? 바로 이런 식으로 합니다. 단계들을 건너뛰면서 합니다. 세대들을 뛰어넘으면서 합니다. 어떤 파괴된 시간 혹은 중단된 시간에 대한 환각 속에서 살면서 합니다. 미라가 된 과거와 불확실한 미래와 출구 없는 현재 사이에서, 이 셋을 다시 움직이게 하는 끊임없는 돌파구들을 마련하면서 철학을 합니다. 시대에 맞지 않는 고찰들, 철학의 불가피한 방향 상실을 계획적으로 수행하면서 말입니다.

4

피와 종이의 전쟁

시대의 어둠은 물론, 그 어둠을
성찰하는 철학의 편에 서야 합니다.
빛의 딸이기도 하지만 밤의 딸이기도 한
진실에 판을 걸어야 합니다.

*

나는 텍스트들을 어떻게 대하는가? 이 문제에 대해서는 어느 정도 분명하게 대답을 했다고 생각합니다. 나는 시간을 어떻게 대하는가? 이 문제에 대해서도 마찬가지라고 생각합니다. 한데…… 이와 관련해서는 여러분이 놓치지 않았을 한 가지 사실이 있습니다. 시간에 구멍이 났건 나지 않았건, 역사가 끝났건 끝나지 않았건, 제가 철학자로서의 직분을 행하는 것은 **역시** 시간 속에서라는 사실이 그것입니다.

이 시간과 더불어, 저는 어떤 개념을 공작하고 꾸며내고 제조할 때 제가 원하는 모든 자유를 누릴 수 있습니다. 사실 궁극적으로 제가 볼일이 있는 것은 다름 아닌 바로 이 시간입니다. 제가 소위 "참여 지식인"으로 불린다는 점에서 그렇습니다(어떠

어떠한 철학소가 종종 저의 철학 게임에서 하나의 조커에 불과하듯이, 저의 철학 게임 자체가 사실은 이 참여의 총체적 전략에 쓰이는 여러 카드들 가운데 하나일 뿐이라는 점에서도 그러합니다).

달리 말해서, 이 물음의 본질은 이것이 저것과 어떻게 공모하는지를 아는 것이라 할 수 있습니다. 다시 말해 시간이 존재하지 않는다는 생각을 견지하면서, 즉 한 발을 계속 이 기준점 없는 정지된 시간(여기서 동시대성의 체제는 더는 선형의 시간 체제가 아닙니다) 위에 굳건히 내딛고 있으면서, 다른 한 발을 두 번째 시간의 기슭, 평범한 의미에서의 시간의 기슭(사실 저는 아주 오래 전에, 그러니까 제가 방글라데시에 체류하던 시절에 이미 이 기슭을 저의 주된 탐구의 장으로 삼기로 결심했습니다)에 둘 수 있으려면, 저에게 어떤 새로운 전제들이 필요한지를 아는 것이 이 물음의 핵심입니다.

이를 위해서는, 이 **큰 편차**를 메우기 위해서는 저에게 네 가지 새로운 규칙이 필요합니다. 저는 그것들을 이전의 다른 규칙들 못지않게 단단히 유지하고 있는데, 간략하게 설명하면 다음과 같습니다.

*

첫 번째 규칙? 그것은 철학 재료 영역의 확장입니다. 저는 문학을 언급했습니다. 예술을 언급했습니다. 과학을, 성경과 탈무드를 언급했습니다. 저의 스승들은 철학 아닌 이 모든 인문학을 철학적으로 이용하는 법을 저에게 가르쳐주었습니다.

그와 마찬가지로 우리는, 나에게 주어진 혹은 거부된 그대로의 이 세계를 얘기해야 합니다. 나의 시선에 모습을 나타내거나 회피하는 모습 그대로의 경험성*empiricité*을, 여기에 현전하는 것[현존재]과 숨는 것의 유희, 그 수동성, 그 깊이를, 나의 빛에 포착되기에 앞서 저 자신의 빛에 포착된 현상을, 개념을 기다리고 있는 체험을, '전체'에 대한 세계의 초과분을, 크고 작은 삶들을, 무한한 차이를, 정치, 그 그늘들, 그 반영들, 그 환상들을, 폐허들과 그것들의 장場을, 요컨대 사물들을, 동일한 내재성의 장에 배열되어 있는, 동일한 지위를 가진 것들로서 얘기해야 합니다.

이 점에 있어서도 정반대로 생각하는 철학자들이 있다는 것을 저는 압니다. 의연하고 관조하는 철학, 순수 '관념(이데아)'이 한쪽에 있고, 다른 한쪽에 대상들과 사물들의 이 세계, 이 소란, 지칠 줄 모르고 되던져지는 이 차이, 감각적이고 실제적인 이 세계가 있다고 생각하는 철학자들의 전통(앞에서 말한 식욕부진자들, 파리한 사람들, 결국 플라톤주의자들)이 있다는 것을 말입니다. 이 감각 세계에 대해서, 물론 그들도 그것이 철학의 궁극적 대상이라는 점에 동의하지만, 거기에는 어디까지나 그것이 감히 그

상태 그대로 개념의 장식융단 속으로 들어와서는 절대 안 된다는 조건이 따릅니다. 하지만 다르게 생각하는 철학자들도 있습니다……

라이프니츠의 경우를 봅시다. 그가 알트도르프의 교수직을 거부한 이유는 세계를 고안하고 움직이고 삼키고 싶어서, 그렇게 하여 사상을 만들고 생산을 하고 싶어서, 지구를 뛰어다니고 싶어서, 그 소동과 그 유희들을 관찰하고 싶어서, 자신의 주인들과 군주들에게 영향력을 행사하고 싶어서였습니다. 그래서 마인츠의 선거후選擧侯나 하노버의 대공들은 자신의 법 원리를, 자신의 가족사를, 자신의 고등교육기관들과 아카데미들을 설립하는 일을 그에게 일임했습니다. 라이프니츠의 좌우명은 "실천을 함께하는 이론theoria cum praxi"이었습니다. 라이프니츠는 오직 감각세계의 중심에서만 철학을 구상했습니다. 라이프니츠는 계산기를 재발명하고, 풍차의 기능을 성찰하고, 하르츠 탄광의 배수 체계를 상상하고, 신교와 구교의 화해를 시도하기도 했습니다.

사르트르의 경우는 또 어떤가요. 그의 가장 큰 독창성 가운데 하나는 자신이 그토록 가까웠던 플라톤주의와 결별하고서, 무명의 앙리 마르텡을, 카페 '플로르'의 종업원을, 괴델과 그의 정리定理를, 쥘 르나르의 오류를, 식민지 피지배자를, 나치를, 베네치아 운하를, 스키 강하降下나 등산을, 쿠바에서의 사탕 수

확을, 사랑의 대화를, 7월 14일 저녁 어느 창에 꽂힌 머리를 대상들의 반열에, 말하자면 완전한 자격을 가진 철학적 인물들의 반열에 올려놓았다는 것입니다. '존재'의 일관성 없는 "곡예 *funambulisme*" 전반을 베르그송의 어느 텍스트의 풍부함이나 틴토레토의 어느 대벽화의 깊이, 혹은 도스 파소스의 작품세계에서 작용하는 시간 이론 못지않게 본질적이고 철학의 원천으로서의 가능성이 있는 것으로 간주하고서 말입니다.

레비나스의 경우도 봅시다. 사람들은 이렇게 떠들어 댑니다. 그의 '얼굴' 개념은 입도 코도 없고, 웃지도 찡그리지도 않으며, 사실 그것은 '부름'을, '볼 수 없는 자의 흔적'을, '형상화할 수 없는 계명'을, 이 우주를 자신의 광채로 적시는 '계시의 빛'을 의미하므로, 우리 모두가 가진 얼굴, 이 눈에 보이는 얼굴과는 별 상관이 없는 거라고 말입니다. 하지만 사람들이 원하건 원치 않건, 레비나스는 이타성異他性의 철학자요, "양보*après-vous*"의 철학자요, 타자가 동일자로 회귀하는 일 없이 동일자가 타자를 향해 나아가는 운동의 철학자요, 감사와 우정—구체적인 우정 말입니다!—의 사상가입니다. 그는 배려를 얘기하고(마르틴 부버와의 논쟁 주제가 이것입니다), 나아가서는 이 세계의 성화聖化야말로 인간의 진정한 의무라고도 말합니다(이것이 바로 그가 칸트, 즉 『단순한 이성의 한계 안에 갇힌 종교』에서 감각세계를 지나치게 예우하여 자신의 규범과 계명들을 감각세계에서 검증해 보는 일을 받아들였다며 유대교를

에마뉘엘 레비나스
포토 © Bracha L. Ettinger

비난한 칸트와 벌인 소리 없는 논쟁입니다).

그리고 다시 한 번 인용하지만, 조사(앙케트)라는 새로운 철학 장르를 발명한 미셸 푸코도 있습니다. 그렇습니다. 조사, 사소하고 세부적인 것에 대한 관심, 그의 말마따나 "우리 시대의 진정한 철학"이 된 '역사'에 대한 취미, 보다 경험적이고 일시적인 것에서 일어나는 "사건"에 대한 주의 말입니다.

저의 입장은 이러한 흐름 속에 위치합니다.

제가 보기엔 바로 이러한 음역音域들 속으로 철학할 거리를 찾으러 가야 합니다.

만약에 제가 후설 이후 나눠는 현대 철학의 두 분파 사이에서 선택을 해야 한다면, 만약에 제가 현상학의 급변 이후 두 후손(후설의 "관념*Ideen*" 쪽과 그 "물 자체" 쪽……) 사이에서 선택을 해야 한다면, 저는 후자 쪽을 선택할 것이고 두 번째 후손 쪽에 가맹할 것입니다.

이런 예가 더 나올지도 모르겠군요. 후설이 등장하기 훨씬 전에, 이 모든 문제가 다뤄진 대 논쟁을 돌이켜 보지요. 헤겔과 셸링의 논쟁 말입니다. 셸링은 헤겔에게 이렇게 반박했습니다. "제가 관심을 갖는 것은 사건, 의외의 것, 예기치 못한 것입니다. 철학의 명예, 그것은 바로 귀하의 위대한 '사상'이나 귀하의 '정신'이 절대 완전히 통합하지 않을 세계의 이 부스러기입니다." 물론 이긴 쪽이 헤겔이라는 것을, 거의 2세기 동안이나 그가 자신의 라이벌을 꼼짝 못하게 처박아 놓았다는 것을 저도 잘 압니다. 하지만 그러면 어떻습니까. 저는 셸링에게 되돌아가며 그의 편을 듭니다. 제가 보기에 철학은 셸링의 복수입니다. 뜻밖의 것으로, 폭력으로 인식된, 또한 철학에 반역함과 동시에 철학의 골조를 구성하는 사물들의 불굴의 활력으로 인식된, 그의 실재實在의 복수입니다.

그래서 하는 말입니다만, 만약에 저더러 자부심을 느끼는 저의 제스처 하나를 꼽으라고 한다면 그것은 바로 지금으로부터 30년 전, 레비나스가 누군지 전혀 몰랐고 사르트르에 대해서도 거의 아는 게 없었으며 라이프니츠에 대해서도 잘 모르고 있던 그 시절에, 아우슈비츠를, 굴라크Gulag[51]를, 아르메니아 집단학살 현장의 시체더미들을, 방글라데시 대학살 때의 그 겁에 질린 얼굴들을 완전한 권리를 갖는 철학적 대상으로 간주했다는 것과, '역사'를, 조사를, 게다가 평판 나쁜 저널리즘까지를 철학을 위한 또 다른 방도로 삼았다는 것입니다.

51. 구소련에서 강제 노동수용소를 담당하던 정부기관이다. 모든 종류의 범죄자들을 수용하고 있으나, 이 굴라그 시스템은 정치범 수용소로 더 잘 알려져 있으며, 주로 반체제 인사들을 탄압하는 데 쓰였다. 수감된 자들은 수백만 명에 이르지만, 서방에 알려진 것은 솔제니친이 쓴 『수용소군도*The Gulag Archipelago*』(1973)를 통해서다.

*

두 번째 제안. 그것은 전쟁 영역의 확장입니다. 이미 저는 여러분들에게 철학 전쟁에 대해서, 철학 안에서의 전쟁에 대해서, 철학이 그 자체로, 그리고 은유적으로 하나의 전쟁이라는 사실에 대해서 얘기했습니다. 지극히 인공적인 삶의 형태들과 그에 따르는 복종들을 부식시키는 훌륭한 산酸 같은 철학에 대한 저의 꿈 얘기도 했습니다. 관례적인 합의를 자르고 텍스트간의 전쟁을 선언하는, 보이지 않는 칼날 같은 것으로서의 철학 얘기를 했습니다.

하지만 지금 제가 얘기하려는 것은 다른 전쟁입니다. 은유적인 전쟁이 아니라 피가 흐르는, 다수의 사망자가 발생하는 진짜 전쟁 말입니다. 이에 대해 얘기하려는 이유는 철학이라는 것, 텍스트들 못잖게 사물들을 다루는, 텍스트를 사물처럼 보고 사물을 텍스트처럼 보는 이 철학, 솔직하고 분명하게 자신을 기록하면서 전 세계—텍스트와 사물들—를 보는 이 철학이 종이 전쟁 못지않게 이 진짜 전쟁에게도 볼일이 있다는 것을 말씀드리기 위해서입니다.

저는 1945년 10월 『현대』지 창간호에 실린 모리스 메를로-퐁티의 한 텍스트를 기억하고 있습니다. 글의 제목은 「전쟁이 있었다」입니다. 이 글은 "우리의 의식은 세계 앞에서 벌거벗고 있었다."라는 멋진 문장으로 시작됩니다. 이어서 그는, 자신들의 깊은 학문에도 불구하고 전쟁이 다가오는 것을 전혀 보지 못한 앙리 베르그송과 레옹 브룅슈비크Léon Brunschvicg라는 전쟁 전의 가장 위대한 두 사상가의 끔찍하고도 뿌리 깊은 무능을 고발합니다. 이를 위해 그는 폴리체르[52]의 1941~1942년 글들의 어조와, 그 15년 전에 나온 「철학 퍼레이드의 종말, 베르그송주의」(여기서 가엾은 베르그송은 "프랑스 사상에 반反계몽주의를 확산"시킨 책임자로 묘사되어 있습니다)의 어조를 되찾습니다.

또한 니장의 『경비견들』의 어조를 되찾고(브룅슈비크에 대한 공격에서!), 『오늘 저녁*Ce Soir*』에 실린 그의 최신 논문들의 어조를 되찾습니다(예컨대 「배반당한 프랑스」라는 1939년 7월 19일자 논문이 그렇습니다. 『경비견들』의 저자는 이미 이 논문에서, "강요에 따라 비현실적인 고찰들만 늘어놓기에 급급한", 그러므로 "단지 과거의 일에 대해서만 말할 수 있을 뿐 현재의 일에 대해 말할 권리가 전혀 없는" 사상—이 경우는 언론입니다만—을 매섭게 비판했습니다).

메를로-퐁티의 글은 브룅슈비크와 베르그송을 넘어, 니장

52. George Politzer(1903~1942). 1921년에 프랑스에 정착한 헝가리 출신의 프랑스 마르크스주의 이론가. 독일 점령 치하의 프랑스에서 1940년 '자유 대학'이라는 비밀 회보를 발행하여 나치가 자행한 온갖 수탈 행위들을 고발하다가 1942년 체포되어 총살당했다.

이나 폴리체르마저도 도외시하고서, 그들 모두의 스승인 마르크스를 쓸모없는 사상가라고, 사람들의 눈을 멀게 한 또 다른 원천이라고 조롱합니다. 마르크스의 철학으로는 역사의 동력인 계급투쟁의 도식에 들어오지 않는 것(예컨대 나치즘)은 사유가 불가능하다고 말입니다. 이 글에서 그는 당시 사람들이 살고 있던 시대, "하이데거만큼이나 플라톤에게 가까운", 따라서 임박한 전쟁과는 너무나 동떨어진 그의 시대의 몰상식을 한탄했습니다. 그의 이 텍스트는 "하이데거의 역사적 시간"이, 다시 말해서 베르그송과 브룅슈비크에 의해서는 물론이요, 하이데거라는 당대 최고의 현대 철학자에 의해 우리에게 귀속된 시간에 대한 정의에서 탄생한 철학이, "콩트르스카르프 광장place de la Contrescarpe에서 아이들을 가득 실은 그 차량들"이 친독일 의용대의 집중 사격을 받는 그런 가공할 일을 사유하고 예방하는 데 "전혀 도움"이 되지 않았음을 주지시키는 말로 끝을 맺습니다.

메를로-퐁티의 이 텍스트는 제가 읽은 최초의 동시대 철학 텍스트의 하나입니다. 무엇이 저의 철학적 소명을 결정했는지를 돌이켜 생각해볼 때, 그가 마르크스주의에 대해 말한 것 때문만은 아닙니다만(마치 모터를 끌고 가는 핸들처럼 '역사'를 끌고 가는 이데올로기들의 무게에 관한 대목은 놀랍도록 통찰력이 뛰어난 감탄스런 글입니다), 이 텍스트가 결정적인 영향을 미친 텍스트의 하나인 것은 분명합니다.

저는 갓 스물다섯 살에 콩트르스카르프 광장에서의 그 사건, 아이들을 가득 실은 그 트럭 사건 이후에 철학자가 되었습니다. 제가 제 자신에게 정직하려면, 그 당시 제가 어떤 사람이었는지 진정으로 생각해 본다면, 나치들이 바로 거기 아주 가까이 있었는데도 사람들이 "도처에서 나치들을 본" 세대라고 비웃은 세대의 기질 속으로 되돌아가 본다면—스물다섯은 너무나 젊은 나이요, 한 세대는 너무나 짧은 시간, 우리의 청춘과 우리 아버지들의 청춘을 가르는 시간입니다만—, 이 모든 것 속으로 되돌아가 본다면, 제가 철학자가 된 것은 콩트르스카르프 광장의 그늘 속에서라고, 콩트르스카르프 광장의 그 일 때문이라고 말하지 않을 수 없습니다. 저 자신에게 콩트르스카르프 광장 사건 같은 일은 절대 일어나서도 안 되고 생각조차도 할 수 없는 일이 되게 해야 한다는 맹세를 하면서 말입니다.

하지만 주의합시다! 구식 철학자들을 뒤흔드는 이 메를로-퐁티식 방법, 그 순수 정신들, 현실의 역사를 고려하지 않는 그 절대 의식의 이론가들의 멱살을 잡고, "이보시오, 정신 좀 차리시오, 전쟁이 터졌소, 콩트르스카르프 사건이 일어났단 말이요."라고 외치는 것, 물론 그것은 대단한 충격이었습니다. 하지만 그럼에도 불구하고 두 가지 심각하게 고려해 보아야 할 점이 있습니다.

모리스 메를로-퐁티

첫째는 이것입니다. 전쟁의 실제 피를 보는 걸 스스로 철저히 금하는, 그런 매혹적이고 이상화된 철학을 비난하는 점은 물론 동의합니다. 하지만 잘 따져 보지도 않고 그런 전쟁의 "실제 시간"을 "하이데거의 역사적 시간"에 함부로 대립시키는 점은 동의하기 어렵습니다. 왜냐하면 저의 도박은 (제가 앞에서 여러분들에게 설명해 드린 것이 바로 이것입니다만) 그 둘을 화해시키는 것, 그 둘을 연동시키고, 산 자들과 대화함과 동시에 죽은 자들과도 대화하는 것, 즉 "하이데거의 역사적 시간" 속에서 살면서, 동시에 보스니아, 체첸, 부룬디의 전쟁의 시간 속에서 사는 것이기 때문입니다. 제가 애써 하고자 하는 것, 저의 도전, 그것은 제가 부룬디나, 다르푸르 사태와 맞닥뜨렸을 때, 르완다의 뼈 더미 앞에 섰을 때, 계획적인 인종 소멸을 목표로 하는 그런 무자비한 전쟁들 가운데 어느 하나와 맞닥뜨렸을 때, 바로 하이데거의 개념들을, 그렇지 않으면 레비나스의 개념들을 동원하는 것이기 때문입니다.

두 번째는 좀 더 난처한 문제입니다. 바로 "전쟁이 **있었다**."라는 괴상한 표현이 그것인데, 이 표현은 처음 대하는 순간 곧바로 저의 눈에 그슬렸던 것으로 기억됩니다. 어째서 "**있었다**."란 말입니까? 왜 과거 시제로 말한단 말입니까? 무엇 때문에 메를로-퐁티는 그 전쟁이 여기 있을 뿐만 아니라 그동안 계속 벌어지고 있었다는 생각을 하지 못했단 말입니까? 특히나 1945년,

이폴리트 장 지로두

그러니까 그가 그 글을 발표하고, 여러분이 아시듯 매우 모호한 『휴머니즘과 공포』를 출간할 준비를 하고 있던 바로 그 시점, 어째서 그는 또 다른 전쟁에 대해, 반反나치즘 전쟁에 뒤이은 새로운 전쟁, 즉 소련의 수용소들과 그 주변에서, 우리 눈앞에서 전개되던 그 전쟁에 대해 철학할 생각을 하지 않았단 말입니까?

이 글 제목은 분명 멋을 부리고 있습니다. 지로두[53]의 일면이 엿보입니다. 당시 가장 큰 화젯거리 가운데 하나였던 지로두의 극작품 『트로이 전쟁은 일어나지 않을 것이다』를 모방한 면이 있습니다(클로델은 그 몇 년 전인 1939년 11월 21일, 자신의 『일기』에서, 동일한 전쟁에 대해 "트로이 전쟁이 있었다."라고 적었습니다……). 한데 그

뿐이 아닙니다. 아주 근본적인 문제가 하나 있습니다. 철학의 지향성 면에서, 당시 그에게 철학은 오직 과거하고만 관계를 맺을 수 있을 뿐이라고 보는 선입견이 있었던 게 분명합니다.

저는 이 점에 동의하지 않습니다. 저는 이 철학-정치학적 우수憂愁를 거부합니다. 저는 "전쟁이 있었다."가 아니라 "전쟁이 있다."라고 말하는 철학을 원했습니다. 제가 철학에 입문한 것은 제가 가까스로 파멸을 모면한 세계 속에서 태어났다는 느낌을 가졌기 때문만이 아니라, 심연의 기슭에 처한 또 다른 세계 속으로 들어간다는 느낌을 가졌기 때문입니다. 이것이 바로 저의 두 번째 제안입니다. 즉, 제가 철학을 하는 것은 우리가 전쟁 중에 **있기** 때문이요, 전 지구적 전쟁을 **겪고 있기** 때문이요, 그 전쟁이 사유의 대상이 되어야 할 **바로 그것**이기 때문입니다. 대니얼 펄 살해에 관한 저의 책은 철학 책입니다. 잊힌 전쟁들에 관한 저의 책은 철학 책입니다. 저에게 철학이란 사건의 폭력성을, 돌출을, 그 예측 불가능성을, 때로는 그 공포를 사유하거나 혹은

---

53. Hippolyte Jean Giraudoux(1882~1944). 극작가·소설가·외교관. 옛 이야기에 있어서 산문에 의한 격조 높은 시극詩劇을 지향하고 문체야말로 문화라고 주장했다. 또한 정치평론뿐만 아니라, 연극에 있어서도 항상 유럽의 운명을 좌우하는 독·불 문제를 취급하였고, 두 문화의 특질을 분명히 하여 그 협조를 주장했다. 기발한 발상과 자유자재의 상상력, 풍부한 에스프리가 담긴 문체로 제1차 세계대전 후에 시적 연극의 신풍을 극단에 불어 넣어, 폴 클로델과 더불어 높이 평가되고 있다.

사유에 대한 시도를 하는 것입니다. 큰 편차는 여전합니다. 이번에는 비현실의 정반대라서 말입니다.

*

그렇다면 어떻게 해야 할까요? 어떻게 하면 메를로-퐁티의 "전쟁이 있었다."에서 제가 그토록 철학자의 관심사가 되길 바라는 "전쟁이 있다."로 넘어갈 수 있을까요? 우리를 대량학살 희생자들의 영혼을 달래는 교회지기로 만들 위험성이 다분한 그 맥없는 우수의 입장에서 벗어나려면 철학에 어떤 여건이 필요할까요? 이것이 바로 저의 세 번째 제안입니다. 좀 느닷없이 꺼내는 얘기입니다만, 다시 설명을 해드리겠습니다. **미네르바의 부엉이는 기분이 내킬 때 날아오르며** 밤이 되지 않아도 얼마든지 잘 비상할 수 있다는 것을 말입니다.

여러분은 제가 무엇을 암시하고 있는지 아실 겁니다. 지금 제가 어떤 상투적 관념, 우리가 따져 보지도 않고 자명한 사실로 받아들인 뭔가를 엉터리라며 비난하고 있고, 그것이 뭔지 여러분은 아십니다. 사실 여러분은 『법철학의 원리들』의 그 유명한 대목을 알고 계십니다. 거기에서 헤겔은—그의 말을 그대로 인용하자면—"이 세계가 어떻게 되어야 하는지 가르치려는 오만에 대해 한 마디만 더 덧붙이겠다."면서, "언제나 철학은 너무 늦게 등장"한다는 것, "이 세계에 대한 사유로서의 철학은 단지 실재성이 수행되어 그 형성 과정이 종결되고 나서야 나타난다."는 점을 강조합니다. 바로 이것이, "미네르바의 부엉이는 오직 땅거미가 지기 시작한 뒤에야 날아오른다."라는 문구의 참된 의미이자 맥락입니다.

문제는 바로 여기에 있습니다. 이 문제가 해결되어야만 철학자는 제가 "그" 전쟁이라 부르는 것과 대면할 수 있습니다. 제가 규정한 바의 철학적 시도가 가능해지고, 어떤 의미를 가질 수 있으려면 이 점에 있어서도 헤겔은 반박되어야 합니다. 철학이 자기 자신의 죽음을, 제가 더는 원치 않는 그 비현실성 *inactualité*을 단념하기 위해서는 그런 전복, 절대적으로 그런 전복이 필요합니다.

헤겔이 옳을 수도 있습니다. 미네르바의 부엉이는 땅거미가 진 뒤에야, 사건이 일어난 뒤에야 날아오를 수도 있습니다. 부엉이가 그렇게 하는 이유는, 간단히 말하면 철학의 역할이 데카르트 이후 늘 그랬듯이 이 세상에 빛을 던지는 것, 세상의 어둠과 그늘진 곳들을 없애고, 이 세상의 절대적 진리를 말하는 데 있다고 생각하기 때문입니다(부엉이는 자신이 개입하여 생각을 펼치기 위해서는 마지막 순간, 맨 마지막 순간까지 기다려 모든 기회들을 자신 쪽에 두어야만 그렇게 할 수 있습니다. 아니, 그렇게 할 수 있다고 **확신**할 수 있습니다). 이런 입장에서의 철학이란 이미 일어난 일만 해설하도록 예정된, 정의상 행동과 전쟁의 불길 속으로 개입할 수가 없는 사후事後의 예술입니다. 이것이 바로 브룅슈비크나 베르그송, 메를로-퐁티가 **현재**의 전쟁을 보지 못한 진짜 이유입니다.

헤겔이 옳지 않다고 생각한다면 바로 이 전쟁을 사유해야 한다는 것, 물론 다른 전쟁도 사유해야겠지만, 무엇보다 우선 이 전쟁, 지금 이 순간 공포에 질린 우리 눈앞에서 세계를 유린하고 있는 이 전쟁을 사유해야 한다는 것을 전제로 삼아야 합니다. 이제 문제는 실제 콩트르스카르프 광장만이 아니라, 이 세상의 모든 콩트르스카르프 광장들, 즉 가능한 모든 세계에서 온갖 형태로 나타나고 있는 콩트르스카르프 광장들, 그리고 프랑스가 처한 위도상의 콩트르스카르프 광장들은 물론이요, 다른 위도상의 콩트르스카르프 광장들과 전형적인 콩트르스카르프 광장—얘기를 하다 보니 문득, 장-투생 드장티라는 철학자 역시 저의 경우와 동일한 정황, 즉 1942년 7월의 유대인 아이들의 일제 검거와 그 장소가 그의 "철학적 운명"이 결정된 곳이 아니었을까 하는 생각이 듭니다(아주 오래 전에 그가 모리스 클레벨 및 저와 함께 나눈 대화에서 출발하여 쓴 책 『어느 철학자의 운명』을 염두에 두고 하는 말입니다)—들을 포함하여, '존재'의 한 범주로서의 콩트르스카르프 광장이라는 원칙과 전제에서 출발해야 합니다.

광명을, 빛을 구현하지 못하더라도 어쩔 수 없는 일입니다.

사후事後에 속죄한 인류의 푸른 하늘에 빛나는 붉은 별과 황금 따위는 집어치우라지요. 시대의 어둠은 물론, 그 어둠을 성찰하는 철학의 편에 서야 합니다. 빛의 딸이기도 하지만 밤의 딸이기도 한 진실에 판을 걸어야 합니다. 틀릴 수도 있다는 그 위험성을 감수해야 합니다. 죽음의 상태에서 심리審理 청구와 행동으로 넘어가, 우수를 낙천주의로 전복—이는 좋은 징후일 때도 있지만 그렇지 않을 때도 있습니다—해 버릴 위험도 감수해야 합니다. 부엉이, 즉 철학은 날이 저물기를 기다렸다가, 날이 사건들을 다 토해내고 이 세상에 밤이 떨어지길 기다렸다가 날아야 한다는 생각을 거부해야 합니다. 그런 생각을 하는 부엉이의 목을 비틀어야 합니다.

부엉이를 다시 길들여야 합니다. 우리의 발아래에서 휘몰아치며 심연을 파고, 그 잔해들을 쌓는 '역사'의 거센 바람 속에서 날개를 퍼덕이는 법을 가르쳐야 합니다. 만약 부엉이가 길이 잘 들지 않는다면, 아무것도 알려고 하지 않는다면, 너무나 강렬한 한낮의 햇살에 현기증을 일으키고 폭풍에 꼼짝을 하지 못한다면, 여전히 헤겔이 다른 많은 점에서와 마찬가지로 이 점에서도 반박 불가능한 존재로 머문다면, 그래도 상관없습니다. 동물을 바꾸면 됩니다. 미네르바의 부엉이 대신, 비너스의 암사슴 쪽으로 돌아서면 됩니다.

비너스의 암사슴이 누구입니까? 구약 시편 22에 나오는 암사슴 말입니다. 물론 성경은 비너스를 언급하지 않습니다. 그냥 '여명의 암사슴'이라고 말합니다. 때로는 샛별이라 부르기도 합니다. 또 때로는 최후의 별이라 부릅니다. 그러니까 여명이 되어, 다른 별들이 모두 지고 나서도 계속 볼 수 있는 마지막 별, 우리가 비너스의 별이라고 부르는 별 말입니다. 또한 성경—아니, 좀 더 정확하게 말하자면 미드라쉬적인 해석[54]—은 이 비너스의 별이 에스더의 은유라고 말합니다. 못된 왕 아수에루스(크세르크세스)의 발톱에서 자신의 백성을 구한 에스더 왕비 말입니다. 또한 바로 하느님을 가리키는 은유이기도 합니다. 사람들이 위험에 처했을 때, 그들이 고통 받는 것을 느끼고서, 가장 깊은 어둠의 시간에서, 다시 말해 여명 바로 직전의 시간에서, 그들을 구하기 위해 암사슴처럼 튀어나온 하느님 말입니다.

그러니까 이것이 저의 세 번째 제안입니다. 저의 목표를 이루고 저의 철학이 **과거**의 전쟁이 아니라 **현재**의 전쟁에 대해 말하게 하기 위해서 저는 제안합니다. 궁지에서 빠져나와, 제가 받은 가르침과 저의 망령을, 다시 말해 스승들의 가르침과 인류에 봉사하는 성직 지원자에 대한 저의 향수를 조합하기 위해서 저는 제안합니다. 앞에서 말한 그 "큰 편차"를 없애고 저의 형이상학적인 반反휴머니즘과 휴머니즘에 대한 저의 그리움을 다시 연

54. 히브리어 성경에 대한 유대인의 해석법.

이피게네이아

결하기 위해서, 저는 세계를 바꿀 것을, 헤겔에서 성경으로 넘어가 부엉이를 암사슴으로 바꿀 것을 제안합니다.

그래서 마지막으로 다시 한 번 강조합니다. 그리고 요약합니다. 암사슴은 부엉이에 비해 두 가지 이점이 있습니다. 고통받는 사람들을 도와주는 것과, 또한 밤이 되어서가 아니라 여명에 날아올라 그렇게 한다는 것입니다. 원칙적으로, 그렇게 하면 모든 것을 바꿀 수 있습니다. 동물을 바꾸는 것, 부엉이를 암사슴으로 **대체**하는 것(물론 이는 이피게네이아를 칼카스의 칼에 죽어가는 암사슴으로 대체[55]하는 그런 "위대한" 대체만한 가치가 있는 것은 아니지만 말입니다……)은 체념의 철학에서 참여의 철학으로 넘어가기 위한 필수불가결한 조건입니다.

*

네 번째 제안. 철학자들은 너무나 오랫동안 이 세계를 해석

55. 트로이 전쟁 이야기에 등장하는 그리스 사제 칼카스는 아가멤논의 그리스 군이 여신 아르테미스의 분노를 사 출항을 할 수 없게 되자 아가멤논에게 딸 이피게네이아를 제물로 바쳐야 한다고 예언했다. 이피게네이아는 제물로 바쳐질 뻔했으나 그녀를 불쌍히 여긴 여신이 그녀 대신 사슴을 제물로 바치고 그녀를 자신의 신관으로 삼았다.

했고, 너무나 이 세계를 변화시키고자 했습니다. 이것이 양자택일의 문제라고, 해석과 변화 중 하나를 선택하는 문제, 절대적으로 선택을 해야 하는 문제라고 굳게 믿었습니다. 한데 그렇지 않습니다. 전혀 그렇지 않습니다. 이것도 저것도 아닙니다. 해석으로 만족해서도 안 되고, 변화의 도취에 빠져서도 안 됩니다. 이 두 입장 사이에는, **수리***réparer*라는 세 번째 옵션이 있기 때문입니다.

수리라는 말은 멋진 말입니다. 이것은 『탈무드』나 『조하르』[56]에서, 창조의 깨진 항아리들을 "다시 붙인다."고 말할 때 쓰이는 말—타르굼*targum*—입니다. 그것은 좀 전에 제가, 이제 더는 이 세계에 들러붙어 이 세계를 반영하기 위한 것이 아니라, 세계가 혼돈 속으로 침잠하는 것을 저지하기 위한 것으로서의 철학적 체계의 이미지를 예시하기 위해 떠올린 책 『생명의 영혼』에서 랍비 하임 드 볼로진[57]이 한 말입니다. 그는 인간의 소명은 이 세상을 구원하는 것이 아니요, 이 세상을 다시 시작하는 것은 더더욱 아니며, 다만 이 세계가 해체되어 먼지가 되지 않게 하는 것이라고 말합니다.

이는 발터 베냐민이 1932년 카를 크라우스[58]에 관해 쓴 그 기이한 글들에서 한 말이기도 합니다. 많은 세월이 흐른 뒤, 유대교에 대해 거의 알지도 못하면서, "언어에 가해진 모욕"을 비난하는 크라우스의 말에 장단을 맞추어, 언어의 단위들을 "학대"하여 언어에 가해진 "잘못을 바로잡아야" 한다고 말한 그 글에서 말입니다.

또한 그것은 그가 번역의 메커니즘에 대하여, 바로 번역, 즉 어떤 언어로 기록된 텍스트를 다른 언어로 된 텍스트로 전환하는 일에 대하여, 그 텍스트가 "수리"되었다고, 그 텍스트 속의 무언가가 "훼손"되어 있었으나 번역을 통해 그것이 "수리"되었다고 말할 때—이번에는 하이데거의 번역론, 즉 어떤 "세계"를 다른 어떤 세계로 이송하는 것으로서의 번역론에 장단을 맞추어—재활용하는 말이기도 합니다.

또한 그것은 『경험과 가난』 같은 그의 또 다른 텍스트들에서 다시 보게 되는 말이기도 합니다. 인간에게 "자신이 가진 작은 것으로 건설"하도록, 그리고 인류가 "현실의 푼돈에 대한 대

---

56. 유대교 신비주의의 일종인 카발라의 주요 문헌들 가운데 하나.

57. Haim de Volozhin(1749~1821). 그의 책 『생명의 영혼』은 신성에 대한 복잡한 이해를 다룬 철학서이기도 하지만 기도의 비결과 탐구의 중요성에 관한 글이기도 한데, 그는 "하느님의 길을 추구하는 사람들의 마음속에 하늘에 대한 두려움을 고취"시키기 위해 이 책을 썼다고 한다.

58. Karl Kraus(1874~1936). 극작가, 시인, 에세이스트로 활동한 오스트리아 작가. 잡지 『횃불*Die Fackel*』을 창간하여 40여 년간 편집자로 일하며 당대의 온갖 악, 그 중에서도 특히 언어의 부패를 격렬하게 비난했다. 세계대전과 나치즘이라는 당대의 두 재앙이 언어의 부패 때문이라고 주장하며(그에게 언어는 단순한 의사소통 수단이 아니라 사상과 윤리의 필수불가결한 조건이다), 언어 부패의 주범으로 언론을 지목했다.

가로" 교환하면서 "한 조각 한 조각 희생시킨" "인류의 유산"의 몫 전체를 "전당포"로 가서 되찾도록 초대하는 그 글에서 말입니다. 마지막으로 그것은 카뮈가 "겸양의 실천"으로 축소된 민주주의를 권할 때 한 말(혹은 관념)이기도 합니다. "다른 사람들의 불행을 그대로 받아들여"서는 안 된다는 구실을 내세우고 있으나 사실은"하나의 이론과 맹목적인 메시아주의의 이름으로" 오히려 그 불행을 "가중"시키기만 하는 "신체제의 반동분자"를 비난하는, 1948년의 한 아름다운 글에서 말입니다.

이 수리라는 말에는 한 가지 이점이 있는데, 그것은 대단한 이점입니다. 이 말은 순합니다. 그것은 겸양에서 나오는 말이요, 지혜에서 우러나는 말입니다. 그것은 철학이란 적당한 때가 되어서야 자신이 동의한 재앙들에서 이론적 교훈을 끌어낼 수 있을 뿐, 그밖에 다른 무엇도, 전혀 아무것도 할 수 없다고 생각하는 이들의 사변적 관념론과의 단절을 보여주는 말입니다. 그렇다고 해서 또 다른 사변적 관념론자들(대충 피히테에서 마르크스로 이어지는 흐름), 즉 방금 전의 관념론자들과는 달리 철학에게는 할 일이 있으며, 혁명을 통해 이 세상을 다시 만드는 일을 포함해 할 일이 대단히 많다고 주장하는 사변가들의 망상—카뮈는 이를 오만한 정신이라고 말합니다만—에도 굴하지 않습니다.

자, 이제 다시 한 번 부엉이를 생각해봅시다. 마지막으로 다시 한 번 그 지각쟁이 밤새夜鳥의 관점을 생각해 봅시다.

하루가 시작되었습니다. 전쟁이 터져 겁에 질린 사람들의 눈앞에서 참화의 광경이 펼쳐집니다. 부엉이는 땅거미가 질 때까지 기다립니다. 그가 아주 게으른 부엉이라면 말입니다. 땅거미가 지고, 끔찍한 재앙이 다 범해진 뒤에야 그는 조용히 사태를 사유하고 거기에서 몇 가지 교훈(그것이 어떤 불멸의 교훈, 어떤 자비인지는 모르겠습니다만!)을 끌어냅니다.

그 부엉이가 좀 덜 게으르다고 가정해봅시다. 그래도 그는 땅거미가 지고 나서, 그러니까 전쟁이 끝나고 이 세상이 어떤 궁지에 처했는지가 분명하게 드러내고 나서야 그런 세상을 바꾸기로, 혁명을 일으키기로 결심합니다. 플라톤이 철학자에게 부여한 역할을 국민에게 양도함으로써, '철학자-왕'의 형상을 연장하고 대체하는 '국민-왕'의 형상을 만들어냄으로써, 세상을 밑에서부터 꼭대기까지 다시 세우기로 결심합니다. 우리가 경험으로 알고 있듯이, 무너진 세계보다 더 혼란스럽고 더 어둡고 더 잔혹한 세계를 만들어 낼 위험을 감수하고서 말입니다.

그렇다면 이번에는 그 부엉이가 생활 방식을 바꾼다고 상상해 봅시다. 그가 한낮이나 아니면 아침에 비상한다고 상상해 봅시다. 아니, 기왕이면 그가 여명의 암사슴으로 대체되었다고 상상해 봅시다. 암사슴은 현실 속으로 튀어나옵니다. 전장에 뛰어듭니다. 혼란 속에 개입합니다. 암사슴이 무엇을 할까요? 암사슴은 어느 한 편의 악의적인 의도들을 가로막고 나섭니다. 그리

성자 자일스의 죽음

Master de Coloswar 作, 1427, 헝가리 에스테르곰 기독교박물관 소장

고는 다른 편, 자신을 겨냥한 화살을 알지도 못했고, 피할 수도 없었던 다른 한 편의 상처를 부드럽게 핥아 줍니다.

또한 암사슴은 은신처에 머무는 성자 자일스Saint Giles 같은 제3자에게는 먹을 것을 대 줍니다. 물이 흐르는 길이 어디에 있는지 알려 주고, 목마른 자들에게는 물을 제공하고, 수풀에 숨어 있는 뱀들을 내쫓습니다. 또 어떤 이에게는 큰 소리로 울부짖어 어떤 위험이 그를 노리고 있는지 경각심을 일깨워 주고, 먼 옛날에 아틸라가 그랬듯이, 그의 뒤를 따르며 보호해 줍니다. 암사슴은 전쟁을 막지 못합니다. 전쟁을 끝내지 못합니다. 하지만 적어도 전쟁의 야만성을 약간은 덜어 줄 수 있습니다. 적어도 그 희생자들 일부를 돌볼 수는 있습니다.

달리 말하면, 더는 이 세상을 다시 만들려고 하지 말자는 겁니다. 지금의 세상을 좀 덜 나쁘게, 숨을 좀 더 편히 쉴 수 있게, 악취가 좀 덜 풍기게 만들자는 겁니다. 그래서 이 세상을 아직은 그런 대로 살 만한 곳으로, 비인간성이 승리를 거두는 일이 없는 곳으로 만들자는 겁니다. 보존이나 혁명이 아니라 수리를 하자는 겁니다. 모든 의미에서의 수리 말입니다. 모든 의미, 즉 산 자들이 죽은 자들에게 가한 모욕이나 과오에 대한 사죄의 의미까지 포함해서 말입니다. 죽은 자들을 구하러 가거나, 아니면 적어도 "적"이 승리하는 날에도 그들이 "안전하게" 보호될 수 있게 하자는 관념—베냐민적인—속에 깃든 수리의 의미까지 포함해서 말입니다.

저는 철학한다는 걸 이렇게 이해합니다. 누가 철학을 한다고 하면 이렇게 이해합니다. 제가 "참여" 철학자라고 부르는 존재에 대한 고유한 정의가 바로 이 **능력들의 갈등** *conflit des facultés*입니다. 즉, 죽치고 앉아 자신의 텍스트들 속에서 미적거리고 있을 때는 역사적 관점을 취하지 않는 자요, 형이상학적 분열의 도발자요, 체계적 이론을 가진 자입니다만, 다시 시궁창으로 나섰을 때, 연구실 밖으로 탈출하여 인간 조건에 덤벼들 때는, 문득 사건의 기이한 특성에 맞닥뜨려 거기에 사로잡혀 버리는, 그리하여 암사슴의 도움 없이, 암사슴에 대한 그 오랜 기억도 없이, 그 사건에 완전히 삼켜져 버리는 존재 말입니다.

5

진리 문제를 어떻게 할 것인가?

철학을 하는 “나”는 움직이는 “나”입니다.

*

자, 그럼 이제는 이렇게 물어봅시다. "나"는 누구인가? 지금까지 저는 여러분들에게, "나"는 어떻게 철학을 하는지 열심히 설명해 왔습니다. 여러분들이 제게 던진 질문이 바로 그것이기에 말입니다. 하지만 아직까지 저는 철학을 하는 이 "나"라는 존재가 누구인지에 대해서는, 이렇게 철학의 실천을 생각하는 이 "나"가 어떤 존재여야 하는지에 대해서는 한 마디도 하지 않은 것 같습니다.

*

그럼 이에 관한 첫 번째 고찰을 얘기해보겠습니다. 이에 대해서는 이미 여러 차례 설명한 바 있습니다만—특히 『사르트르의 세기』에서—, 여기서 다시 한 번 되풀이하겠습니다. 저는 어떤 철학자의 작품을 계획하는, 안정되고 획일화된 "나"가 존재한다고 생각하지 않습니다. 대체적으로 그런 얘기를 믿지 않는 편입니다. 자신의 여러 정신 상태들을 지배하면서 특정 계기와 사건에 따라 그것들을 배분하는 그런, "**나**라는 폐하"가 존재한다는 관념을 저는 믿지 않습니다.

저는 데카르트에서부터 현상학에 이르기까지의 그 '주체'의 역사라는 것을 믿지 않습니다. 소여小輿일 뿐 아니라 구성자—가시계可視界의 장을 구성하고, 사물들의 층을 펼치고, 그것들의 형을 만드는—로서의 주체 말입니다. 저는 철학에서건 철학을 떠나서건, 주체는 하나의 장소, 어떤 점 같은 것, 라캉 식으로 말하면 주변 상황들에서 내용과 일관성이 주어지는, "공백"과 "오브제 a"의 결합[59] 같은 것이라고 생각합니다.

달리 말해서, 저는 라캉주의자이자 현상학자입니다. 주체는 "구성하는 자"라기보다는 "구성되는 자"라고 생각하며, 우리에게는 지향성, 주관적 경험, 사물들과의 만남만큼이나 많은 "나"가 있다고 생각하며, 사람들이 "나"라고 부르는 것은 단지 우리의 연속적인 동일시들의 총합, 혹은 그것들의 일시적인 결정結晶 현상일 뿐이라고 생각합니다.

그렇다면 저는 이 '나'라는 것을 여느 사물들 중의 한 사물로, 다른 사물들과 동일한 체제에 종속된, 동일한 산문散文 속에 기입된, 그런 사물로 여기는 것일까요? 물론 그렇지는 않습니다. 동시에 그것은 아주 특별한 것이기에 말입니다. 그것은 뭔가 특출한 것입니다. 그것은 물론 구성된 것이지만, 다른 모든 사물들에 비해 훨씬 더 공들여 구성된, 훨씬 더 정제되고 정교하게 구성된 것으로서, 그것에게 "나"라거나 사람 혹은 주체 같은 고상한 이름이 붙은 것은 그래서입니다.

이 모든 것을 철학의 실천과 관련지어 보면, 한 가지 단순한 귀결에 이릅니다. 이는 곧 철학자가 책을 만든다기보다는 책이 철학자를 만든다는 것을 의미합니다. 책이 철학자의 자식이라기보다는 철학자가 자신이 쓴 책의 자식임을 의미합니다. 책 속에서 일인칭으로 말을 하는 사람은 저자가 아니라 책이라는 것

59. 라캉의 '오브제 a'는 환상의 대상인 동시에 충동의 대상이다. 욕망과 충동의 대상으로서의 '오브제 a'는 환상이 진행되는 동안의 오브제 a(욕망의 대상·원인)와 환상이 끝난 뒤의 오브제 a(상실된 욕망의 대상·원인이자 충동의 대상·상실)로 나뉜다. 환상이 진행되는 동안의 오브제 a는 주체에게 두려움을 주면서도 매혹적인 심연으로 작동하는 반면, 주체가 환상을 가로지른 뒤에 만나게 되는 상실된 욕망의 대상·원인으로서의 오브제 a는 공백 혹은 틈새이며, 충동의 대상·상실로서의 오브제 a는 바로 그 상실 자체를 의미한다.

을, 혹은 책을 통해 작품이 말을 하는 것임을 의미합니다.

아니면 이렇게 말할 수도 있겠군요. 우리가 글을 쓰는 것은 어떤 "나"를 표현하기 위해서, 그의 즙과 실체를 짜내고, 그의 진실을 밝히고, 그가 고백을 하도록 압박하고, 그 고백들을 텍스트화하기 위해서가 아니라, 정반대로, 그를 변화시키고, 그를 변신시키고, 글을 쓴 "나"를 아직 글을 쓰지 않는 자와는 다른 어떤 인물로 만들기 위해서라고 말입니다.

철학을 하는 "나"는 움직이는 "나"입니다. 물론 고집스럽고 악착스럽습니다만, 스스로를 닮으려 하기보다는 스스로와 달라지려고 하는 움직이는 "나"요, 많은 경우 자기 자신이나 과거의 자신과는 동명이인同名異人 같은 존재입니다. 여기에서 다시 다음의 세 가지 귀결이 도출됩니다.

첫째, 소크라테스의 정리定理가 전도됩니다. 즉, 소크라테스는 육체는 영혼의 무덤이라고 했습니다만, 이 '나'의 경우 무덤은 육체가 아니라 영혼입니다. 주체를 짜그라뜨리고, 경화시키고, 단순화시키고, 결국 주체에게 죄를 선고하는 것은 이제 더 이상 육체의 가설이 아니라 영혼의 가설, 즉 영혼의 단일성과 단순성과 절대성이라는 가설입니다.

둘째, 이 "나"가 영원히 변화하는 유동적인 것이라면, 자기에 대한 그의 충실성을 저는 결코 미덕으로 간주할 수 없습니다. 물론 저는 나름대로 제 자신에게 충실한 편입니다. 또한 다른 사람들에게도, 특히 나의 친구들에게도 충실한 편입니다(이는 사실 저에게서 어떤 장점도 인정해 주지 않는 이들까지도 기꺼이 수긍하는 저의 보기 드문 장점들 가운데 하나입니다만!). 하지만 결코 저는, 저에 대해 "그는 이 세상의 온갖 결점들이 있지만, 적어도 그가 우정에 충실하다는 점만은 인정해주자."며 사방에 떠들고 다니는 이들이 생각하는 것처럼, 그것을 그리 자랑스러운 일로 여기지 않습니다. 왜냐하면 자기와 타인들에 대한 이 충실성, 누가 뭐라고 하든 개의치 않는 이 충실성은 인간적 미덕이지 철학적 미덕은 아니기 때문입니다. 철학자에게 중요하고 가치 있는 유일의 일, 즉 진리를 섬기는 일은 생각을 바꾸고, 다른 사람들과 다르게 생각하고, 먹었던 마음을 뒤집고, 스스로에게 모순되는 말을 하고, 자신의 말을 취소할 줄 알 것을, 즉 자신을 배반할 줄 알 것을 요구하니까 말입니다.

그 다음 셋째, 이 불안정하고 분산된 '자아', 이제 더 이상 하나의 극極도 유일한 발송자도 아닌 '자아', 이제 더 이상 자신의 메시지들을 조정하는 영혼이 아니라 그것들을 '"나"라는 폐하'의 우산 아래에서 통합하는 이 '자아'에 대해, 아주 오래 전부터 저는 그것이 삶을 통해 여러 가지의 상이한 파장들을 프로그래밍하는 것으로 알고 있습니다. 언제나 서로 조화를 이루지는 않는 파장들, 때로는 동시적으로 진행되는 다수의 전기적 경험을 조장하는 파장들 말입니다.

이는 철학적 삶에서도 마찬가지입니다. 어떻든 마찬가지일 수 있습니다. 그것이 조금이라도 그러하다면, 어느 철학자가 조금이라도 그런 취미와 그런 자유를 갖는다면, 예를 들면 사르트르 같은 사람, 즉 "머리를 짜내라."라는 명령을 거의 신성한 원칙의 반열에 올려놓은 사상가가 그러하다면(이는 제가 그에 관한 한 권의 책, 즉 『사르트르의 세기』를 쓴 이유들 중 하나입니다만), 그런 경험은 거듭제곱과 승수乘數가 될 모든 가능성을 갖게 될 것입니다.

따라서 한 생에서 여러 생을 살고자 한 저의 꿈, 예전에 소설을 쓰고, 극본을 쓰고, 영화까지 만들었던 그 삶의 계획, 인생은 오로지 자신에게 최대치의 모순들이 주입될 때라야만, 자기 자신과 최소한으로 접합될 때라야만, 세분화되어 나란히 진행되는 다수의 정체성으로 굴절될 때라야만 살 만한 가치가 있다는 저의 인생 관념은 어쩌면 바로 이 철학이라는 장에서 자신의 뜻을 가장 잘 펼치게 될 것입니다. 요컨대 이는 곧, 철학을 그런 것으로 생각한다면 철학이야말로 인생의 모험들 중에서 가장 열정적인 모험이요, 철학적 삶 역시 성공한 삶의 상징과 같은 것이 됨을 의미합니다.

*

두 번째 고찰입니다. 저는 사람들이 초월적 주체에 관해 이야기하는 것은 한 마디도 믿지 않습니다. 철학을 시작하기에 앞서, 그 상투적인 관념들에서, 그 관례화한 고정관념들의 보유고에서, 그 비본래적인 익명의 중얼거림에서, 그 "온*On*"에서, 그 **다스 만***Das Man*[60]에서, 그 무의미한 층에서, 하이데거가 사유하지 않는 사람들의 머릿속 깊은 곳의 소음이라고 말한 그 몰개성과 무책임성의 배광背光에서 벗어난다는 주체 말입니다.

물론 그것이 사실이라면 참 좋겠지요. 그것은 철학자의 꿈이라 할 수 있을 겁니다. 그것은 "다자인*Dasein*[현존재]"의 철학자만이 아니라, 자신의 실체를 오직 자기 자신에게서만, 자신의 멋진 은신처에서만 추출해내는, 어떤 자유롭고, 운명적이고, 영웅적이고, 본래적인 존재에 향수를 느끼는 모든 철학자의 거대한 낭만적 꿈입니다. 그것은 어떤 순수한 관념세계에 열려 있는 순수한 영혼을 꿈꾸는 플라톤학파의 꿈입니다. 그것은 정신의

---

60. 하이데거에게 인간존재는 '죽음으로의 존재Sein-zum-Tode'이며, 이 상황에서 인간은 본래적이거나 비본래적인 상이한 두 태도를 취한다. 선구적 결단의 순간을 거쳐 매 순간 죽음의 극복을 통해 살아가는 방식을 본래적 태도라 하고, 죽음으로부터 도피하여 세계 안에 있는 존재자들에게 집중함으로써 죽음을 망각하려는 태도를 비본래적 태도라 한다. 이때 후자인 사람들을 '다스 만'이라 한다. 우리말로는 세인世人 정도로 옮길 수 있다.

절대적 조작자*opérateur*가 된 주체를 꿈꾸는 헤겔학파의 꿈입니다. 그것은 몰개성적인, 대상 없는 '자아*Moi*', 자신의 정체성과 무관할 뿐 아니라 세상의 소리들과의 드잡이에 의해 암시된 모든 거짓 정체성들과도 무관한 투명한 '자아*Moi*'에 대한 스테판 말라르메의 투기投企입니다. 그것은 "네가 아는 스테판"이 아니라, "영적 세계가 자기 자신을 보기 위해서, 그리고 나의 자아였던 것을 이쪽에서 저쪽으로 가로질러 나아가기 위해서 선택한 오솔길들 가운데 하나"입니다.

그러나 유감스럽게도 그런 자아는 불가능합니다. 저로서는 그런 자아가 정말 바람직한 것인지도 확신이 가지 않습니다(에케르만에게 쓴 한 편지에서, 자신이 보기에 사상의 차원에서는, 자신의 "집단적" 존재를 담당하는 "에너지" "힘" "의지"보다 훨씬 덜 중요한 독창성*originalité*에 대한 취미보다 더 수상한 것이 없다며 낭만주의를 반대한 괴테를 참조해 보십시오). 어떻든 제가 진정으로 확신하는 것, 그것은 그런 꿈이 무의미하다는 겁니다.

철학은 상황 속에 있습니다. 그래서 철학에는 해당 시대의 흔적이 남습니다. 그 철학이 그 시대에 속했던 흔적이 남습니다. 철학에는 사회적 규정의 흔적이 남고, 이미 칸트가 '빛'에 관한 글에서, 우리 현실의 흔적인 동시에 우리 지평의 흔적이라고 말했던 그 "우리"의 흔적이 남습니다. 이를 말해주는 최상의 증거가 있습니다. 저로 하여금 이 문제를 첨예하게 의식하게 해주고,

또한 저에게 초월적 주체—자신이 지닌 익명의 몫이 일소되고 자신의 현재로부터 기적적으로 해방된 주체, 하나의 이미지처럼 단순하고 자신의 핵으로 환원된, 수정처럼 투명한 주체—에 대한 그 모든 헛소리들을 결정적으로 불신하게 만든 케이스, 그것은 바로 하이데거의 케이스입니다.

자신이 품고 있던 프로그램이 실패하는 것을 본 사람이 하나 있다면, 선입관의 힘에, 그것도 당대의 선입관들 중에서도 가장 **극악한** 선입관의 힘에 삼켜져 버린 철학자가 한 명 있다면, 자신의 굳은 결의에도 불구하고 당대의 독일인들 중에서도 가장 흉물스럽게 멍청한 사람들이나 머리에 떠올릴 수 있는 상투적 관념들 중에서도 가장 끔찍한 것, 즉 나치주의에 먹혀 버린 철학자가 한 명 있다면, 그가 바로 하이데거, 즉 『형이상학 입문』의 저자이기에 말입니다.

이 책에서 그는 두 가지 명상, 즉 "존재자의 존재"에 관한 명상과 "근본적 존재론"에 관한 명상 사이에서, "서양의 중심에 자리 잡은 우리 국민의 역사적 사명"에 대한 찬가를 노래합니다. "이 운동의 위대함과 그 내적 진실성"에 대한 시가詩歌를 노래합니다. 이 천재적인 교수는 니체에 관한 자신의 1936~1940년 강의들을 해괴한 페이지들로 더럽힙니다. 프랑스에 대한 독일의 승리를 "불완전한 니힐리즘에 대한 완전하고 능동적인 니힐리즘의 승리"라고 하거나, 독일인들이 "니체에서 출발하여" 걸어야 할 길은, "생의 활력은 오직 이 건축하고, 제거하고, 소멸시키는 사유 속에 있을 뿐"임을 말해 주는 생생한 증거이자 "정의"의 또 다른 이름인 "절멸"의 길이라며 나치에 장단을 맞추는 말들로 말입니다.

다시 한 번 말하지만 하이데거는 거대한 철학자입니다. 문화 경찰들이 방금 얘기한 것을 포함하여 그 어떤 구실로서든 그의 중요성을 과소평가하게 해서는 물론 안 됩니다. 그는 이 세상의 온갖 나쁜 "소음"에 대해 귀를 막아버릴 줄 아는, "온*on*의 독재"에서 해방된, "고행" 사상의 사도입니다. "새로운 말"의, "지극히 고매한 사상"의 이론가요, "인간의 품격에 걸맞은 물음"이 있고 인간을 진정으로 "위대"하게 만드는 것이 있는 "경지*site*"로 우리를 인도해 줄, 그 "길고도 고통스런 초탈"의 이론가입니다.

그런 그가, 이 순수한, 반투명의 철학자가, 독사*doxa*[61]들 중에서도 가장 비천한 독사에 사로잡힙니다. 애초부터 "온*on*의 독재"에서 벗어나 있다고 믿은 그가 히틀러주의 독재에 굴하고 맙니다. 그는 이를 자신의 작품과 자신의 삶을 통해서 행합니다. 자신의 가장 까다로운 글들에서도 그렇게 하고, '학장 취임 연

---

61. '여론opinion' '억측'을 뜻하는 그리스어로, 우리말로는 억견臆見으로 옮겨진다. 파르메니데스의 철학에서, 독사는 사람들이 어떤 사람이나 어떤 현실에 대해 갖는 불확실한 여론으로서 진리에 이르는 참된 길과 대립된다.

마르틴 하이데거

설'을 통해서도 그렇게 합니다. 사상—제가 절대 이 사상을 도외시할 수 없다는 것을, 저는 압니다—의 핵심에서도 그렇게 하고, 그 사상이 뿌리 깊이 밴 그런 입장—그는 자신의 입장이 사상과 무관할 수 없다는 걸 알고 있었습니다—천명을 통해서도 그렇게 합니다.

다른 사람들은 몰라도 저는 이 "하이데거 케이스"의 끔찍한 패러독스를 진작부터 분명히 알고 있었습니다. 그라세 출판사에서 편집자로 일한 덕에, 자유 프랑스의 젊은 장교였던 프레데릭 드 토와르니츠키[62]—그는 바로 1945년에 하이데거와 사르트르의 만남을 주선한 장본인이었습니다—를 알고 있었으므로, 빅토르 파리아스의 책[63]이나 엠마뉘엘 파이의 책[64]이 나오기 전부터 이미 저는 하이데거의 이 "전향" 내용에 대해 어떻게 처신해야 할지 잘 알았습니다.

당시 젊은 철학자였던 저에게 그것은 근본적인 예방접종 같

---

62. Frederic de Towarnicki(1920~2008). 폴란드 출신의 번역가, 저널리스트, 문학비평가. 25세에 하이데거를 만났고, 그 후 프랑스 내에서의 그의 주요 대화 상대자로 활약했으며, 그와의 대담을 『검은 숲의 메신저에 대한 추억』(1993)이란 제목으로 펴냈다.

63. 『하이데거와 나치즘 *Heidegger et le nazisme*』(1987) 참조.

64. 『하이데거, 철학 속으로 들어온 나치즘 *Heidegger, l'introduction du nazisme dans la philosophie : Autour des séminaires inèdits de 1933-1935 de Emmanuel Faye*』(2007) 참조.

은 것이었습니다. 제가 하이데거를 읽은 것은 그래서입니다. 그를 읽되 눈을 크게 뜨고 읽어야 한다는 것, 그래도 어떻든 그를 읽어야 한다는 것, 그의 철학을 정신의 양식으로 삼되—거듭 말하지만 이 양식의 불가사의한 필요성에 관해서는 결코 양보할 수 없으나—, 다른 한편으로는 자기 자신의 내부에서 '여론'과 '역사'의 공백을 만든다는 그 이상한 계획을 근본적으로 의심해야 한다는 것이 저의 생각이었습니다. 사르트르가 나서기 전부터, 그의 "상황" 철학이 등장하기 전부터 말입니다.

그 '역사'는 저의 역사입니다. 그 수수께끼는 저의 수수께끼입니다. "시간에 구멍이 뚫렸건" 아니건, 결코 개념의 주사위 던지기가 저로 하여금 저에게 주어진 그 이상한 시대를 뛰어넘게 할 수는 없을 것입니다. "삶의 영혼"이건 뭐건, 랍비들과 철학자들과 둥글고 각진 문자들의 그 어떤 위대한 연대도 저의 머릿속에서 일상의 자동기술自動記述에게—그 해독할 수 없는 독들과 그것들의 불길한 배합에게—침묵을 명할 정도로 단단할 수는 없을 것입니다……

*

세 번째 고찰입니다. 또한 저는 또 다른 고행, 진짜 고행, 즉 주체가 사유를 하기 위해서는 자신의 살과 육체의 몫을 벗어 버려야 한다는, 데카르트나 후설 철학의 일반적 논거들은 한 마디도 믿지 않습니다. 물론 이는 기질의 문제일 수 있습니다. 그러나 이는, 종종 기질과 양립이 가능한, 원칙의 문제이기도 합니다.

저는 철학자가 철학을 하는 것은 자신의 삶과 더불어 하는 거라고 생각합니다. 철학의 차원에서는, 삶과 사상 사이에 방수 격벽을 치는 『생트-뵈브를 반대함』[65]의 이론들을 저는 전혀 믿지 않습니다. 문학에서도 점점 더 믿지 않습니다(그것은 장 주네가 『장례식』에서 말하듯, "자신을 하나의 설계도 같은 존재로 만들려고" 하는 프루스트의 보호 전략입니다. 누구나 아는 그 이유[66] 때문에 말입니다).

철학에서는 더더욱 그렇습니다. 철학에서는 프루스트에 대립하는 니체를 믿습니다. 아니 그보다도, 다시 한 번 하이데거를 인용하자면, 한 철학자의 생애는 이렇게 요약될 수 있을 것이라며 그가 한 유명한 재담, 즉 "그는 태어났고, 일했고, 그리고 죽었다."라고 한 그—그는 아리스토텔레스 얘기를 했습니다만, 대상은 니체일 수도 있었을 것입니다—에 대립하는 니체를 믿는다고 하는 편이 더 낫겠군요.

저는 철학은 언제나 일종의 고백이요 개념화된 전기요 자백이라며, "때 묻지 않은 인식"을 추구하는 진영과 대립하는 니체를 믿습니다. 저는 『차라투스트라는 이렇게 말했다』에서, 이렇게 외치는 니체를 믿습니다. "네가 가진 최상의 지혜 속보다도 너의 몸속에 더 많은 이성이 있다." 혹은 『에코 호모』에서, "철학적 교환의 리듬은 정신 기관의 민첩함이나 무감각과 직접적인 관계가 있다." 그렇지 않으면(결국 같은 얘기입니다만), 마치 니체가 『비극의 탄생』에서 한 말을 그대로 받아 하듯, 인간의 몸에는 단순한 "유기체" 이상의 뭔가가 있다고 강조하면서, 언젠가 화가 치민 날, 다음과 같이 유명한 말을 날린 앙토넹 아르토를 믿습니다. "나의 지성, 그것은 곧 나의 몸이다. 그밖에 다른 무엇도 아니다." 저는 사람들이 이 몸과 더불어 철학을 한다고 생각합니다. 저는 사람들이 '몸을 망가뜨리며 *à corps perdu*' 철학을 한다고 생각합니다. 거꾸로 말하면, 사람들이 몸이라고 부르는 것이 사실은 행동하는 사유일 뿐, 다른 그 무엇도 아니라고 생각합니다.

저는 철학이란 '존재'에 이르는 한 양식이기에 앞서 삶의 한

---

65. 마르셀 프루스트의 에세이집(1954). 이 책에서 프루스트는, 작품은 삶의 반영이며 어떤 작가의 작품은 그의 삶으로 설명될 수 있다는 생트-뵈브의 비평 방법을 비판하면서 문학작품의 세계를 저자의 삶과 연관 짓지 않아야 한다고 주장했다.

66. 프루스트의 동성애에 대한 암시.

양식이라고 생각합니다. 저는 철학이 하나의 스타일을 갖추어야만 체계로 형성될 수 있다고 생각합니다. 여기서 제가 "스타일"이라고 하는 것은 어떤 "방식"을 가리키는 것이 아니요, 어떤 "수사학"을 가리키는 것은 더더욱 아닙니다. 그것은 어떤 독특함, 인간사의 어떤 사건, 어떤 식이요법 같은 것을 가리킵니다.

삶은 예술 작품 같은 것이라고 푸코는 말했습니다. 작품은 예술과 삶을 일종의 체계—자기와 책들의 관계가 그 중심점이 되는—속에 담은 포장 같은 것이고 말입니다. 또한 마시뇽[67]은 그의 "대작"을 언제 출간할 거냐고 묻는 레바논 여자 친구 노라 잘잘에게 이렇게 대답했습니다. "대체 날 누구로 여기는 거요? 우리의 유일한 대작은 바로 우리의 삶입니다. 아니, 우리의 죽음이라고 하는 편이 더 낫겠군요."

어디 한 번 애기해 봅시다…… 소위 육신이 없다는 그 모든 철학자들…… 우리로 하여금 그들의 사상은 그들의 육체성과 그들의 방황의 원천들을 버렸다는, 진정으로 버렸다는 생각이 들게끔 하는 그 모든 초월자의 친구들…… 자기 주변을 말끔히 비워, 결국 삶의 기록[傳記]이 전혀 없다고 주장하는 그 모든 "순수한" 철학자들……

하지만 과연 누가 장담할 수 있을까요? 아리스토텔레스가 마케도니아의 필립과 나눈 우정, 그가 아테네에서 독毒당근 밀매꾼들과 벌인 분란, 혹은 그의 거류 외국인 신분 등이 그가 쓴

『형이상학』이나 『니코마코스 윤리학』에 아무런 영향을 주지 않았다고 말입니다.

스피노자의 『트락타투스』 혹은 『윤리학』의 명제들도 마찬가지입니다. 그것들이 슬픈 열정이나 한恨의 사상에 대해 선언하는 전쟁 등이 요한 드 비트의 죽음, 헤렘[68], 칼부림[69], 혹은 어쩔 수 없이 린스부르크로, 포르부르크로, 그리고 헤이그로 떠나야 했던 일들을 이용—그러니까 '철학적으로' 말입니다—하지 않았다고 누가 진심으로 주장할 수 있겠습니까?

현대 철학자들 중에서 두 사람을 예로 들어보겠습니다. 다른 누구보다 악착같이 자신들이 가진 주관성의 몫을 부인한, 혹은 부인하는 척한 두 사람 말입니다.

'무신론자들의 위대한 기사騎士' 알튀세르, 그에 대해 우리는 내심 이렇게 말하지 않을 수 없습니다(저 자신 역시, 그가 자신의 부

---

67. Louis Massignon(1883~1962). 일찍부터 모로코와 이슬람 연구에 뛰어들었으며, 20세기의 가장 중요한 이슬람 연구 전문가의 한 사람으로 꼽힌다.

68. 히브리어 그대로 *herem*이라고도 하고 *cherem*이라고도 하는데, 특히 신명기와 여호수아서에 부각된 중요한 사상이다. 이스라엘에게 전쟁은 종교적 행위이고, 적은 헤렘, 즉 주 여호와께 바쳐진 것으로서, 진멸하지 않으면 안 되는 것이다.

69. 1656년 7월 27일, 스피노자는 이단이라는 이유로 지독한 저주의 한 형태라 할 헤렘의 대상으로 지목되었다. 그 얼마 전에 이미 웬 남자가 그를 단도로 살해하려 했는데, 이때 상처를 입은 스피노자는 종교적 열정이 어떻게 광기로 흐르게 되는지를 잊지 않기 위해 칼자국이 난 외투를 간직했다고 한다. 이는 아주 확실한 사실은 아니지만, 스피노자에 관한 하나의 전설로 남아 있다.

인 엘렌을 바로 저기, 그가 우리의 목소리를 듣곤 하던 바로 저 집무실 문 뒤에서 목 졸라 살해했다는 소식이 알려졌을 때, 즉시 그렇게 중얼거렸습니다만). 그가 자신의 형이상학적 무신론의 원칙들—이 경우는 말하자면 자신의 이론적 반反휴머니즘의 원칙들—을 그렇게까지 큰 소리로 외쳐댄 것은 바로 그의 내부에 그 고통 받는, 벌을 받는, 자살 성향이 있는, 자신의 열정들의 먹이가 된, 자신의 광기 앞에 홀로 선, 따라서 결국 살의를 품게 된 그런 인간이 있었기 때문이라고, 진실에 대한 그의 의지가 똬리를 트는 그런 발광상태의 소용돌이가 있었기 때문이라고 말입니다.

다른 한 사람은 소위 쾨니히스베르크의 현자라는 칸트입니다. 다른 누구보다도 삶이 없고 육신이 없는 이 철학자에 대해, 장 밥티스트 보퉐[70]은 제2차 세계대전이 막 끝났을 즈음 파라과이의 신칸트학파 사람들에게 행한 일련의 강연에서 그들의 주인공이 가짜 추상이요, 순전히 겉으로만 순수 정신이었음을 제시했습니다. 적어도 다음의 두 가지 점에서 말입니다.

먼저 물 자체의 세계라는 개념이 그러한데, 여기에는 그가 강신술降神術에 빠져 오직 텔레파시에 의해서만 접근이 가능한 수수께끼 같은 존재들의 왕국에서 보낸, 그림자와 고古성소들 사이에서 보낸 그의 젊은 날이 메아리친다는 겁니다. 다음은 오성의 범주들에 대한 관념, 초월적 자아에 대한 편집증, 코르셋처럼 기능하는 어떤 엄격한 범주들에 대한 강박관념인데, 이것들은 마치 지하의 어떤 광기를 억제하고, 감각들의 혼란스런 흐름에 형태를 부여하고, 정신적 혼란에 바리케이드를 치기 위한 것처럼 여겨집니다. 오늘날 그의 전기를 쓴 이들은 그가 그런 정신적 혼란에 다른 누구보다도 더 위협을 느꼈다는 사실을 알고 있습니다. 그러고 보면 칸트라는 이 무시무시한 사유광思惟狂, 이 개념광概念狂이 쓴 『순수 이성 비판』은 그의 내면의 드라마를 이야기하는 책, 하나의 암호화된 은밀한 자전으로 읽힐 수 있을 겁니다……

---

70. 프레데릭 파제스Frédéric Pagès와 '장 밥티스트 보튈Jean-Baptiste Botul의 친구들의 모임(A2JB2)'에 의해 1955년에 만들어진 가공의 작가. 그들에 의하면 보튈(1896~1947)은 오드 지방, 레리에르 마을 출신의 프랑스 철학자로, 구술 전통을 좇아 공식적인 어떤 저술도 남기지 않았다. 생전에 마르트 리샤르(그의 약혼녀였다고 함), 마리 보나파르트, 시몬느 드 보부아르, 루 안드레아스-살로메 등을 알고 지냈고, 스테판 츠바이크, 앙드레 말로, 장 콕토, 장 지로두 등과 만났으며, 마르셀 프루스트와 우정을 나누었다고 한다. 1946년에는 소련군의 진군을 피해 도망쳐 온 일백여 독일인 가정과 함께 남아메리카로 가서 '누에바 쾨니히스베르크'라는 마을을 세웠는데, 이곳에서 독일인들은 "칸트처럼 옷을 입고, 칸트처럼 먹고 잠을 잤으며, 거리를 쾨니히스베르크의 거리처럼 꾸며놓고, 매일 오후 똑같은 산책을 했다."고 한다. 이 책에서 베르나르-앙리 레비가 진지하고 인용하고 있는 내용은 보튈이 썼다는 『칸트의 성생활』(프레데릭 파제스 엮음, 1999년)에 실려 있는 내용이다. 베르나르-앙리 레비 이전에도 다른 몇몇 저자들이 보튈의 책들을 다소 익살맞게 거론한 바 있다.

*

제가 이런 얘기를 늘어놓는 이유는 무엇일까요? 왜냐하면 주체에 관한 이러한 성찰, 주체는 불가피하게 "조건"(그의 몸)과 "상황"(그의 시대)의 혼합체 속에, 이런저런 상황, 만남, 실존적 선택, 열정 등의 조합 속에, 메를로-퐁티를 기리는 뜻에서 한 마디로 요약하면, 그의 '역사적·육체적 장場' 속에 사로잡혀 있다는 사실에 대한 이러한 성찰이 한 가지 최종적 귀결을 내포하고 있기 때문입니다. 물론 그 귀결은 결코 하찮은 것이 아닙니다. 그것은 철학의 목적 그 자체와 관계된 것, 최소한 책을 마무리하기 전에 제기하지 않을 수 없는 물음, 즉 진리라는 문제의 현황과 관계된 것이기에 말입니다……

분명히 말하지만 저는 철학의 가장 고귀한 과제는 예나 지금이나 진리의 추구라는 사실을 의심하지 않는 사람들 가운데 한 명입니다. 좀 더 분명하게 말하면, 저는 어떤 이유로든 간에 진리를 단념한 철학자는 명예와 존엄을 잃어버린 것이라고 생각하는 사람들 중 한 명입니다. 그러므로 철학은 제가 보기에는 세기를 거듭하는 동안 진정으로 적을 바꾼 적이 없습니다. 과거에는 '여론'이 철학의 적이었고, 오늘날에는 상대주의, 미분화주의, 냉소주의—결국 같은 것이므로, 이름은 중요치 않습니다—등이 적입니다.

한데…… 만약에 말입니다, 제가 방금 진술한 얘기가 사실이라면, 주체라는 것이 참으로 그렇게 이중으로 조건화된 존재요, 철학자 역시 다른 여느 주체와 마찬가지로, 그 동시대인들의 언어와 육체를 길들였듯 시종 그의 언어와 그의 육체를 길들인 이 불안정한 무대[세계]에 뛰어든 그런 불확실한 존재라면, 여기에서 마지막 두 가지 명제가 연역됩니다.

첫 번째 명제는 제가 철학의 절대적인 주 관심사*souci*여야 한다고 말한 진리의 위상과 관계가 있습니다. 저는 지금 분명 관심사라고 말합니다. 목표라고 말하지 않습니다. 추구의 끝이라는 말은 더더욱 하지 않습니다. 왜냐하면 그것은—만약 '역사적·육체적 장場' 속에 사로잡혀 있음이 앞에서 말했듯 철학자의 피할 수 없는 운명이라면—끝이 있을 수 없고, 참으로 대상조차 있을 수 없는 추구이기 때문입니다. 아니 만약에 그런 것이 있다면, 어떤 끝이나 대상이 있다면, 그것은 어디까지나 결핍되거나 부재하는 대상일 뿐 결코 숨겨진 대상이 아니라는 것, 다시 말해서 우리의 시선에서 벗어나 있는 대상, 일시적으로 베일에 가려지거나 아니면 나의 부주의 때문에 보이지 않는 대상, 그러므로 앞으로 나아가면서 장애물을 걷어내고 그늘을 없애려고 노력하기만 하면 되찾을 수 있을 그런 대상이 아니라는 사실을 결코 잊지 말아야 합니다.

그렇다면 그것을 칸트처럼 관념*Idée*이라고 하는 편이 낫겠군요. 혹은 삶에서나 끝없는 행진 때 하는 말로 지평*Horizon*이라고 하든가요. 지평선의 속성은 뒤로 물러나 멀어지는 데 있지 않습니까. 사람들은 거기에 가까이 다가간다고 믿고 또 그러길 바라지만 말입니다. 그렇지 않으면, 유대인들의 메시아 사상 문헌들이 말하는 의미에서의 종말*Fin*이 더 나을지도 모르겠습니다. 제가 종종 인용하곤 하는 문헌들, 잡을 수 없는 것임을 너무나 잘 알기에 사람들이 더욱 더 열렬히 갈망하는 어떤 종말*Terme*이란 관념을 만들어낸 그 문헌들 말입니다. 인간의 속성은 진리가 아니라 오류라는 것, 그리고 사람들이 진리—이제 더 이상 『파트모스』[71]의 첫 구절들이 말하는 "가까이 있으나 붙잡기 어려운" 신이 아니라, 예언자들이 말하는 도달 불가능한 그 먼 '무명無名'— 의 길(이것도 길이라고 말할 수 있을까요?)을 가는 것은 인간의 그런 속성과의 (메시아적인) 결별*arrachement*에 의해서라는 사실을 잊지 않는 편이 좋을 것 같습니다……

두 번째 명제는 그런 탐구, 아니 그런 결별을 주재해야 할 방법과 관계가 있습니다. 우선 개념들이 있습니다. 물론 체계도 있습니다. 하지만 주의합시다! 특정 순간에, 개념과 체계들에 의해 전진하는 이가 저 혼자가 아니니 말입니다. 저는 다른 주체들에 둘러싸여 있습니다. 그들도 모든 점에서 저의 것과 유사한

---

71. 휠덜린의 찬가.

그런 '역사적·육체적 장場' 속에 사로잡혀 있는 존재들이며, 저의 의지 못지않게 진지한 진리 추구의 의지에 따라 움직입니다. 어떻든 그렇다고들 하지요.

그들이 악의적인 사람들이라면 참으로 곤란해집니다. 그 무엇으로도 그들을 설득할 수 없고, 그들을 무찌르는 것 외에 다른 방편이 저에게 없을 터이기에 말입니다. 그들이 선의의 사람들이라면, 그들의 동기가 진리에 대한 증오가 아니라면, 그들의 오류가 오류와 진리를 혼동한 데서, 전자를 후자인 줄로 알고 전자를 겨냥한 데서 오는 거라면 더욱 더 곤란해집니다. 어쨌든 더 복잡해집니다. 애를 쓰고, 싸우고, 설득을 해보고, 주장을 하고, 간책을 쓰고, 전략을 짜고, 또 다시 주장을 하고, 유혹을 하는 등등의 수고를 해야 하기에 말입니다. 그들의 확신을 흔들고, 그들의 오류를 단념시키려면 많은 수단을 부려야 하고, 엄청난 에너지를 소모해야 할 겁니다. 그들이 그런 오류를 진리로 여기는 데는 매우 중요한, 사활이 걸린 어떤 이득이 있을 터이니 말입니다.

만약에 그들이 악의 속에 선의를 가진 사람들이라면, 예컨대 보스니아, 코소보, 다르푸르 사람들이 터무니없고 유례없는 과오의 희생자임을 잘 알지만 그건 어쩔 수 없는 일이라고, '진보주의의 위대한 스펙터클'—그들이 그 상속인임을 자임하는—에 참여하여 품격이 높아진 희생자들만이 '자유로운 주체들'의 위대한 왕국에서 살 권리를 갖게 되는 만큼, 어찌 되던 간에 그들은 "그들만의 투우장에 내버려져 있어야" 한다고 무쇠처럼 단단히 믿는 사람들이라면(예를 들면, 1999년 5월 20일자『르몽드』지에 실은 냉혹한 화제의 글에서 알랭 바디우가 그런 입장을 취했습니다만), 이야말로 최악의 경우입니다. 교양이 있고, 전문 지식을 갖추고, 사정에 정통하나 이성의 빛 혹은 사유의 인내력에는 더 없이 무감각한 그런 악의의 경우이니 말입니다. 그러므로 또 다시 싸워야 하고, 또 다시 정면으로 부딪혀야 합니다.

그리고 '역사적 · 육체적 장'이라는 난마亂麻 한가운데에서 벌이게 될 이 정면 대결을 위해서는 소피스트들에게 좀 배울 필요가 있습니다. 그렇습니다, 저는 분명 소피스트들이라고 했습니다. 그들이 초석을 다졌고 명인의 경지에 오른 그 이기는 기술(유혹, 확신, 힘의 관계에 대한 감각, 전략, 술책)을 좀 배울 필요가 있습니다.

니체가 플라톤 병이라고 불렀던 것, 그것의 좋은 독을 스스로에게 다시 주입해야 합니다…… 그 플라톤화된 언어의 말들에 예언적 정신—저는 이것이 적어도 이 서양에서는, '진리'의 패러독스(구조적으로 도달할 수 없게 되어 있음을 알기에 더욱 더 열렬히 갈구하는)를 이해시킬 수 있는 유일한 것이라고 주장합니다만—이라는 상서로운 바람을 불게 해야 합니다…… 그리고 그저 진리를 떠들어 대기만 할 게 아니라 소피스트의 유해를 찾아가서 몇 가지 무기를 챙겨야 합니다. 소피스트는 그 무기들을 서투르게 사용했지만 어떻든 그것들을 만들어 낸 장본인이니 말입니다……

그러므로 첫째는 플라톤입니다. 둘째는 예언자들입니다. 그리고 셋째는 소피스트들입니다. 이 셋을 연결하는 것은 이상하게 보일 수 있습니다. 아마도 부자연스러워 보일 것 같습니다. 하지만 이 연결, 오직 이 연결만이 지금까지 제가 설명하고자 한 바의 특성을 지닌 철학이라는 수레를 끌고 갈 수 있습니다. 플라톤에게서처럼 두 필匹이 아닙니다. 즈가리야[72]의 제8예언에서처럼 네 필도 아닙니다. 세 필입니다. 이 세 필의 말에 지체 없이 마구를 달고 뱃대끈을 맬 수 있어야 합니다. 한데 유감스럽게도 마부가 없습니다. 날개도 없습니다. 지금 제가 처한 상황이 그렇습니다.

72. 구약에 수록된 『즈가리야서』의 저자.

해제

세계에 대한 수리修理로서의 철학

변광배 / 프랑스인문학 연구모임 '시지프' 대표

이 책은 현재 프랑스를 대표하는 참여 지식인 가운데 한 명인 베르나르-앙리 레비의 『*De la guerre en philosophie*』(그라세 Grasset 출판사, 2010)를 우리말로 옮긴 것으로, 2009년 4월 6일 '레비나스 연구소'의 후원을 받아 파리 고등사범학교에서 개최된 강연 내용을 수정 · 보완한 것이다. 강연회의 제목은 "나는 어떻게 철학을 하는가*Comment je philosophe*"였다. BHL(베르나르-앙리 레비의 이니셜을 딴 그의 애칭이다. 이하 그를 BHL로 약함)이 파리 고등사범학교 출신이기 때문에, 이 학교를 졸업한 지 35년이 지난 후 모교에서 후배들을 대상으로 했던 강연 내용을 책으로 펴낸 것이다.

이 책에서 BHL은 철학에 대한 자신의 생각을 종합적으로 보여준다. 철학자가 된 직접적인 동기, 철학의 의의와 역할, 철학 전통과의 관계, 철학하는 방법, 독서 방법, 진리의 문제 등에 대한 생각이 그것이다. 이런 시각에서 이 책은 BHL 자신이 직접 쓴 일종의 '철학적 자서전'이라고도 할 수 있다. 또한 다루어지고 있는 내용 자체가 철학에 대한 근본적인 이해에 관련된 것이어서, 이 책은 일종의 '철학 입문서'로서의 성격도 가지고 있다고 할 수 있겠다.

그런데 철학자로서의 지위가 문제될 때 BHL은 종종 논쟁에 휩싸이곤 한다. 어떤 이들은 그를 본격적인 철학자로 인정하지 않는다. 실제로 그는 『인간의 얼굴을 한 야만*La Barbarie à visage humain*』(1977)으로 이른바 '신철학*nouvelle philosophie*'의 기수라는 별명을 얻은 후, 이렇다 할 본격적인 철학서를 집필하지 않았고, 이런 이유로 자기를 철학자로 소개하는 BHL를 두고 '지적 사기'라는 단어를 입에 올리는 자들도 없지 않다. 특히 부르주아 계급에 속한 그가 가난하고 억압 받는 자들의 편에 서려는 자세를 두고, 그의 위선을 말하는 자들도 있다. 이른바 '캐비어 좌파'라는 조롱 섞인 표현이 그것이다. 이에 반해 BHL를 철학자, 그것도 현재 프랑스를 대표하는 철학자의 한 명으로 간주하는 자들도 역시 없지 않다. 이들은 그에게서 사르트르 이후 현실 참여에 가장 적극적인, '행동하는 철학자'로서의 모습을 보고 있다.

이와 같은 논쟁에 종지부를 찍고자 하는 것일까? 어쨌든

BHL은 자신이 여전히 철학에 커다란 의미를 부여하고 있고, 지금까지 그 나름의 방식으로 철학을 해왔으며, 따라서 자기에게는 고유한 철학이 있으며, 또한 앞으로도 계속 철학을 해나갈 것이라는 점을 유감없이 밝히고 있다. 여기서는 이와 같은 점들을 몇 개의 명제로 정리해 보고자 한다.

제1명제 : 철학의 탐구 대상은 전쟁 중인 세계이다

철학이 호기심을 바탕으로 이루어진다는 것은 상식에 속한다. 왜 이 세계에는 아무 것도 없지 않고 무엇인가가 있는가와 같은 호기심이 그것이다. BHL은 제2차 세계대전 중 파리 제5구에 위치한 콩트르스카르프 광장place de la Contrescarpe에서 아이들을 가득 실은 차량들이 친독일 의용대의 집중 사격을 받은 사건 이후에 철학자가 되기로 마음먹었다고 술회하고 있다. 이 책에서 그는 이 세계가 평화롭고 조화로운 세계가 아니라 폭력과 악으로 인해 시름하고 있다는 현실 인식이 철학자로서의 자신의 경력에 단초가 되었음을 밝힌다. 이와 같은 세계 앞에서 BHL은 다음과 같은 질문을 던졌던 것으로 보인다. 왜 세계는 이처럼 폭력적이고, 야만적이고, 비인간적인가? "제가 철학을 하는 것은 우리가 전쟁 중에 있기 때문이요, 전 지구적 전쟁을 겪고 있기 때문이요, 그 전쟁이 사유의 대상이 되어야 할 바로 그것이기 때문입니다."

그런데 철학의 탐구 대상이 이처럼 전쟁 중인 세계라는 BHL의 인식은 단지 현실 세계로만 해당되는 것이 아니다. 그의 이런 인식은 형이상학적 세계로까지 확대된다. 신도 인간도 죽은 세계, 이른바 니힐리즘이 지배하는 세계, 혼란한 상태에 있는 세계, 재앙에 직면한 세계라는 인식이 그것이다. BHL은 이와 같은 인식을 "존재*Être*"와 "말하기*Dire*" 사이의 "미친 방정식"으로 표현한다. 존재는 언어를 필요로 한다. 하지만 지금 대부분의 철학자들은 존재를 "존재해체*désêtre*" 속으로 침잠시키면서 철학의 위기와 철학의 종말을 입에 올리고 있다는 것이 BHL의 진단이다. 다시 말해 그들은 존재와 언어 사이의 방정식을 제대로 풀지 못하고 있다는 것이다. 이렇게 BHL은 존재와 언어 사이에 정상적인 방정식이 아니라 미친 방정식이 정립된 세계를 자신의 철학 탐구의 대상으로 삼고 있다.

제2명제 : 철학은 이 세계에 대한 "수리"이다

BHL로 하여금 철학자가 되게 했던, 이와 같은 현실 세계와 형이상학적 세계에 대한 인식은 당연히 그의 철학이 단순히 사변적 이론만을 지향하지는 않을 것이라는 점을 내다보게 한다. 이에 걸맞게도 BHL은 라이프니츠의 좌우명인 "실천을 함께하는 이론*theoria cum praxi*"을 자기 것으로 삼는다. 그리고 정확히 이런 이유로, 철학이 언제나 어떤 사건이 발생하고 난 후에 나타나는 헤겔의 "미네르바의 부엉이"보다는 행동하는, 그것도 어떤 사건이 발생하기 전에 나타나 행동하는 '암사슴'을 더 선호한다고 역설한다. 다시 말해 BHL은 철학이 어떤 사건이 발생하고 난 후에 그것을 반성하는 "사후事後의 예술" "체념의 예술"이기보다는 이 사건에 직접 개입하고, 될 수 있으면 그 폐해를 줄이는 데 일조하는 예술이 되기를 바라는 것이다.

BHL의 이와 같은 바람은 구체적으로 철학이 폭력과 악으로 인해 무너져 내리고 있는 이 세계에 대한 "수리*réparer*"의 예술이어야 한다는 주장으로 이어진다. BHL은 이 주장을 랍비 하임 볼로진의 『생명의 영혼』의 한 구절을 빌려 이렇게 표현한다. "인간의 소명은 이 세상을 구원하는 것이 아니요, 이 세상을 다시 시작하는 것은 더더욱 아니며, 다만 이 세계가 해체되어 먼지가 되지 않게 하는 것이다." 이런 의미에서 BHL의 다음과 같은 외침은 참다운 의미를 획득할 수 있을 것이다. "철학은 태평양에 맞서는 댐이어야 한다."

'수리'로서의 철학에 대한 BHL의 이와 같은 견해는 단순히 피가 튀고 사람이 죽어가고 또 착취와 억압이 자행되는 현실 세계에만 적용되는 것은 아니다. 이 견해는 형이상학적 혼란 속에 빠져 있는 세계에서도 유효한 것으로 보인다. 언어의 부족으로 인해 존재해체에 빠져들고 있는, 그 결과 철학이 위기에 봉착한 세계에서도 역시 철학은 '수리'의 철학이어야 한다는 것이 BHL의 한결같은 견해이다.

그는 이렇게 주장한다. 존재가 존재해체 속으로 가라앉는 것을 막고, 그렇게 함으로써 이 존재를 존속시킬 수 있기 위해서는, 아직도 자신의 말들이 필요하다고 굳게 믿는 "편집광"의 철학이 참다운 철학이라고 말이다. 물론 이것이 철학자의 "환상"일 수 있다는 것을 BHL이 모르는 바 아니다. 하지만 그는 "자신의 어깨 위에 세계의 무게를 짊어지고서 그렇게 하지 않으면 세계가 다시 떨어질 것이라 여기는", 아틀라스의 환상을 가진 철학자의 철학을 찬양한다.

제3명제 : 철학은 개념의 제조이자 체계의 정립이다

BHL은 스승이었던 알튀세르의 여러 가르침을 따르고 있다. 그 중 하나는 "철학을 하다 *faire de la philosophie*"에서 중요한 단어는 "철학"이 아니라 "하다"라는 가르침이다. BHL은 철학이 불변의 진리에 대한 기술도, 세계의 관조도, 세계의 변화도, 다른 철학자들의 사유의 단순한 재생산도 아니라고 보고 있다. 이와 달리 철학을 새로운 개념들의 제조와 동의어로 본다. 이는 전적으로 알튀세르의 가르침을 따르는 것이다. "알튀세르는 그 작은 세계에 완전히 등을 돌리고서 이렇게 외친 사람입니다. '그만 다 집어치워! 철학한다는 건, 철학을 만드는 거야!' 저는 분명 '만든다*faire*'라고 말했습니다! 즉, 제작한다는 겁니다! 다시 말하면 진실들, 즉 새로운 개념들을 가공하고 제조하는 게 철학이라는 겁니다."

하지만 BHL은 이와 같이 새로이 제조된 개념들이 유기적 결합을 통해 '체계*système*'로 정립되어야 한다고 보고 있다. BHL은 체계를 옹호하는 자신의 주장이 체계를 부정하고 해체하는 현대 철학의 흐름에 역행한다는 것을 잘 알고 있다. 일반적으로 체계는 폐쇄성을 전제로 하기 때문이다. 폐쇄된 체계에서는 그 구성 요소들이 체계의 이름으로 완전해 용해되어 버려 그 각각의 특이성이 사라져 버린다. 그 결과 폐쇄된 체계에서는 하나의 절대, 하나의 불변의 진리가 옹호되고 주창된다.

하지만 BHL은 폐쇄된 체계가 아니라 개방된 체계를 추구한다. 개방된 체계는 그 구성 요소들의 '유한성'과 '특이성'이 존중되는 그런 체계이다. 개방된 체계는 부분들이 체계에 완전히 녹아들어 이른바 이타성을 가진 타자들이 동일자의 폭력에 희생이 되지 않는 그런 체계이다. 개방된 체계는 그 구성 요소들 하나하나에 해당하는 각각의 담론들이 고유한 의미를 갖는 그런 체계이다. 요컨대 개방된 체계에서는 보편성보다는 개별성이, 필연성보다는 우연성이, 당위보다는 개연성이 우세한 그런 체계이다. 이와 같은 체계의 정립을 통해 병든 세계를 지탱하는 것이 철학의 역할이자 사명이라는 것이 BHL의 주장이다.

제4명제 : 철학은 "흡혈귀"의 방식으로 해야 한다

위의 명제로부터 BHL의 다음과 같은 세 가지 주장이 도출된다. 첫 번째 주장은 철학 재료 영역의 확장이다. BHL은 철학의 영역을, 아니 보다 정확하게는 철학이 이용하는 재료의 영역을 최대한 넓혀야 한다고 주장한다. 예술, 문학, 역사, 과학, 종교 등. 그런데 이와 같은 확장은 당연한 것으로 보인다. 왜냐하면 BHL 스스로가 개방된 체계의 철학, 곧 모든 구성 요소들 하나하나가 갖는 특이성을 고려하는 철학을 추구하기 때문이다. 이처럼 체계의 구성 요소들 하나하나에 대한 담론을 고려하지 않는 철학은, 그 탐구 대상이 되는 병든 세계에 대한 진단은 물론이거니와 '수리' 역시 제대로 할 수 없을 것이다.

두 번째 주장은 BHL의 이른바 "흡혈귀" 방식의 철학하기이다. 이것도 당연한 것으로 보인다. 그도 그럴 것이 BHL이 선호하는 개방된 체계는 거기에 관여하는 모든 요소들이 서로 공존하고, 부딪히고, 경쟁하는 세계이기 때문이다. 정확히 이런 이유로 철학은 "소요騷擾와 전쟁의 딸"이라는 BHL의 견해가 성립한다. 그리고 이와 같은 소요와 전쟁의 세계에 둑을 쌓고, 그것을 수리하기 위해서는 당연히 가능한 한 많은 영역의 담론들을 끌어 모으고 참조해야 할 것이다. 그렇다면 이를 위해 어떻게 해야 할까? 이 물음에 대한 BHL의 답은 충격적이다. 흡혈귀 방식으로 철학하기이다. 다시 말해 체계에 포함되는 모든 요소들에 대한 담론들을 빠짐없이 고려하는 방식의 철학하기가 그것이다.

덧붙여 여기에 알맞은 방식의 독서가 필요하다는 것이 BHL의 세 번째 주장이다. 이 방법이 바로 해적질, 노략질에 가까운 독서 방법이다. BHL은 한 권의 저서를 두고두고 삭히는 독서, 그러니까 "쉰우시아sunousia"[73]에 가까운 독서보다는, 여러 권의 저서를 전광석화와 같은 속도로 이리저리 휘젓고 다니는 독서를 더 선호한다. 물론 그렇다고 해서 그가 제대로 이해하지 못한 상태에서 이리저리 철학서만 옮겨 다니는 그런 독서를 권하는 것은 결코 아니다. 제대로 읽되 빨리 많이 읽는 것, 이

---

73. '쉰우시아'의 개념에 대해서는, 이 책의 제3장 각주 35번 참조.

것이 바로 BHL이 권하는 독서 방법이다. 또한 그렇기 때문에 BHL은 철학자는 시간을 거슬러 살아 있는 철학자보다 죽은 철학자들과 더 가까워야 하고, 또 현재를 살아가는 자들보다 미래를 살게 될 자들과 더 가까워야 한다고 말한다. 요컨대 BHL이 찬양하는 철학은 "나이"가 없는 철학인 것이다.

제5명제 : 철학자는 싸움을 잘 하는 "깡패 철학자"여야 한다

BHL에 따르면 철학은 대화와 친해서는 안 된다. 아니 철학은 대화를 무시해야 하고, 대화를 철학의 왕도로 보는 철학자 가족에서 빠져나와야 하며, 최소한 대화를 철학 작동의 개시로 여기는 것을 그만두어야 한다. 그 까닭은 정확히 철학은 철학자들의 "마음의 도시국가*cité du coeur*"에서가 아니라 맞수끼리의 "대결의 불길 속에서", 그들의 "변증법적 에로티시즘" 속에서 펼쳐지기 때문이다. 이처럼 BHL은 철학을 평화로운 대화의 산물이 아니라 개인들 사이의 "주장*affirmation*"과 주장의 "부딪침", 그것도 강렬한 부딪침의 산물이라고 보고 있다.

이런 이유로 "철학의 기법은 전투 기법일 때만 가치가 있"으며, 철학자들의 집단은 "파이트 클럽"이라는 BHL의 견해가 도출된다. 그는 이렇게 외친다. "여러분의 적을 찾아 여러분의 전쟁을 해야 합니다. 여러분의 사상을 위한 전쟁을."

모름지기 철학자는 '혼자' 이와 같은 차라투스트라의 병법을 잘 익혀야 한다는 것이 BHL의 충고이다. 그로부터 철학하는 행위는 당연히 "그 자체로 민주주의적"이 될 수 없다는 견해와 "위대한 철학은 공격적인 철학"이라는 견해 역시 도출된다. 그리고 이와 같은 견해는 철학자들이 득실대는 철학사와 대학을 포함해 "모든 사상의 노인 병원"으로 전락한 제도권에 대해서도 그대로 해당되는 것으로 보인다.

이 모든 것은 정확히 BHL이 극단적인 표현을 사용하면서 내세우는, 이른바 "깡패 철학자"의 논리로 집약된다. 철학자는 다음과 같은 두 가지 의미에서 '깡패'여야 한다는 것이다. 하나는 명증한 이치와 논리로 다른 철학자와 화해하고 타협하는 것이 아니라 그의 급소와 약점을 찌르면서 공격해서 항복시키는 싸움을 밥 먹듯이 해야 한다는 의미이다. 나아가 그런 싸움에 능해야 한다는 의미이다. 다른 하나는 다른 철학자의 본거지를 노략질하는 데 천재이어야 하고, 그를 존중하는 것보다는 이용하는 것에 남다른 솜씨를 가진 자여야 한다는 의미이다. 요컨대 철학자는 싸움의 명수여야 하는 것이다. 그는 이렇게 말한다. "이제 철학자는 깡패가 되어야 합니다. 스스로를 '깡패 철학자'라 선언하고, 대학에서 이루어지는 모든 철학적 관행들, 이념 관리인 겸 도형수로서의 그 관행들과 단절해야 합니다."

제6명제 : 철학의 목표는 "진리의 추구"이다

그렇다면 이렇게 자신이 철학하는 비법과 수법을 모두 공개하면서 BHL이 최종적으로 겨냥하는 것은 무엇일까? 그것은 분명 철학의 가장 고귀한 과제란 바로 "진리의 추구"에 있음을 재확인하는 것이라고 할 수 있다. 그는 이를 위해 서구의 철학 전통에서 무시되어 왔던 영역들에 대한 복원의 필요성을 제기한다. 고정된 주체 개념의 포기, 이성에 의해 억눌렸던 감성, 정신에 의해 짓밟혔던 신체, '나'의 동일성 확보 노력에 의해 희생당한 타자 등과 같은 영역의 복원이 그것이다.

최종적으로 BHL이 갈망하는 이와 같은 복원이 겨냥하는 것은 이 세계에 대한 총체적이고 종합적인 이해, 곧 '총체성' 확보와 무관하지 않은 것으로 보인다. 물론 이와 같은 목적을 실현하기 위해서는 당연히 지금까지 해왔던 철학 방법, 즉 병법兵法을 더 가다듬어야 할 것이다. 이는 그대로 BHL이 내보이는, 철학을 위한 자신의 미래 청사진에 해당한다고 볼 수 있다.

인간과시각 01

철학은 전쟁이다
베르나르-앙리 레비의 나는 어떻게 철학을 하는가

1판 1쇄 인쇄 2013년 5월 24일
1판 1쇄 발행 2013년 6월 1일

지은이 베르나르-앙리 레비
옮긴이 김병욱
해제 변광배

펴낸곳 사람의무늬·성균관대학교 출판부
110-745 서울특별시 종로구 성균관로 25-2
등록 1975년 5월 21일 제1975-9호
전화 02)760-1252~4 팩스 02)762-7452
http://press.skku.edu

ISBN 978-89-7986-934-7 03100

잘못된 책은 구입한 곳에서 교환해 드립니다.
값은 뒤표지에 있습니다.

사람의무늬는 성균관대학교 출판부의 인문·교양·대중 지향 브랜드의 새 이름입니다.